Gestión de la ira

Cómo controlar la ira; dominar sus emociones, y eliminar el estrés y la ansiedad, incluidos consejos sobre el autocontrol, autodisciplina, PNL e inteligencia emocional

Índice

Introducción

Ira. Una emoción desagradable que puede desembocar en consecuencias igualmente desagradables si no se controla. En general, la ira es una respuesta emocional extrema a algo que nos molesta. Sentimos antagonismo y una fuerte irritación porque algo ha ido mal y parece haber malas intenciones por parte de una persona y un deseo de dañarnos. La mayoría de las veces dirigimos la ira hacia la gente que conocemos (amigos, familia y compañeros de trabajo), y, normalmente, la expresamos verbalmente. La agresión, el elemento violento que a veces forma parte de la ira, es menos común, aunque sí existe. La cuestión es: ¿cómo la controlamos?

El problema de la ira es que, en algunas ocasiones, para algunos individuos, es difícil de controlar. Puede convertirse en agresividad al volante, acabar a gritos en medio de una reunión o denunciar a un médico por negligencia médica, aunque realmente no sea culpable. En realidad, lo peor de la ira moderada no es lo que nos hace hacer a otros, sino la influencia negativa que puede tener en la persona cuya ira se descontrola. ¿Cuántos de nosotros hemos contestado a un correo electrónico respondiendo a un insulto percibido, solo para descubrir que fue un malentendido o no teníamos toda la información para entender lo que realmente estaba pasando? Esa es la ira que tenemos que aprender a controlar, y hay métodos y claves a la hora de aprender eso.

Esta guía detallará todo lo que necesita para aprender a dominar sus problemas de ira de una vez por todas.

Capítulo 1: ¿Qué es la ira y de dónde viene?

La ira es algo que está presente en todos. Todos nos hemos *derrumbado* o hemos *perdido los estribos* alguna vez, ya sea con amigos, familiares, compañeros de trabajo o incluso completos extraños. Le pasa incluso a los mejores. Solo se convierte en un problema cuando sucede más a menudo de lo que debería y cuando sucede a niveles extremos.

Según cómo la maneje, la ira puede ser algo tanto bueno como malo. Cuando se usa para bien, puede impulsarle y motivarle a cambiar para bien. Por ejemplo, cuando ve una injusticia, enfadarse sobre ello le empuja a realizar un cambio para mejor. Puede desembocar en grupos que se manifiestan y se unen para cambiar y ser mejores como la marcha por los derechos de la mujer o los derechos de los animales. Cuando la ira se usa para mal, puede acabar en cosas terribles como el maltrato físico, confrontaciones que se intensifican hasta ser violentas o incluso el peor de los casos: asesinato. Muchos han ido a la cárcel porque asesinaron a alguien en caliente. Eso es lo que pasa cuando la ira se descontrola. La ira prolongada en amigos y familiares puede llevar a la infelicidad, años de no hablarse y relaciones arruinadas.

El problema de la ira en algunas personas es que es difícil dejarlo estar. ¿Ha tenido momentos en los que, al recordar una discusión o confrontación, solo pensar en ello le hierve la sangre de nuevo? Eso es lo que la ira puede hacer. Le hace guardar rencores y no poder perdonar. Déjelo estar y siga adelante.

¿Qué es la ira?

Es una de nuestras emociones básicas como seres humanos. Los humanos son, desde luego, criaturas únicas, capaces de sentir varios tipos de emociones, incluso, a veces, varias a la vez. Felicidad, tristeza, alegría, ira, aversión, miedo, valentía, ansiedad, desesperación… todas estas no son más que un pequeño ejemplo del rango de emociones que somos capaces de sentir. Son estos estados emocionales los que nos han ayudado a sobrevivir.

La ira, igual que los otros estados emocionales, se usa para describir la forma en la que nos sentimos y nos ayuda a identificar y conectar con lo que está pasando a nuestro alrededor. Cuando no nos sentimos seguros en una situación, por ejemplo, identificamos que nos sentimos asustados o inseguros. Cuando algo nos hace felices, lo describimos como alegría o felicidad. Nuestras emociones son sensibles a lo que pasa a nuestro alrededor.

La ira es una emoción que se ha vinculado estrechamente con el mecanismo de *lucha o huida* que es inherente a todos nosotros. Es una forma de responder cuando percibimos algo como una amenaza. Tiempo atrás, cuando nuestros antepasados todavía vivían y cazaban por la supervivencia, esta emoción les ayudaba a mantener sus mentes atentas y estimuladas, listas para cualquier tipo de acción.

¿De dónde viene?

Fisiológicamente, podemos analizar nuestras respuestas iracundas según los niveles hormonales. La zona de la amígdala en el cerebro desencadena una respuesta a la información irritante o situaciones que nos asustan. Nuestra respuesta de *lucha o huida* frente a ciertas molestias está relacionada con las hormonas que el cerebro libera, principalmente epinefrina (adrenalina) y norepinefrina (noradrenalina). Estas hormonas dan lugar a respuestas físicas y emocionales para ponernos alerta y energizados. A veces llamamos a esta sensación resultante como un *subidón de adrenalina,* que puede llevarnos a gritar obscenidades al juez que va a determinar nuestro tiempo en prisión o, en momentos de temor absoluto (una emoción estrechamente relacionada fisiológicamente con la ira), levantar un árbol pesado de encima de nuestro hijo de 7 años. Esta descarga de energía es útil en algunas situaciones y probablemente era incluso más útil cuando los primeros seres humanos se encontraban cara a cara con una bestia enfurecida, más a menudo que hoy en día. Así que, mientras que gestionar nuestra ira (y su hermano, el miedo) es importante, tampoco querríamos desarmar el sistema completamente de forma que a veces vayamos a toda máquina y acabemos reaccionando de manera desproporcionada.

Físicamente, la ira puede causar otros síntomas además de la descarga de energía que asociamos con ella. Nuestros corazones normalmente laten más deprisa y nuestra respiración se vuelve más rápida y menos profunda. Algunas personas empiezan a sudar según la sangre fluye más rápido por su torrente sanguíneo, y el aumento de la temperatura puede llevar al típico sonrojo que se puede ver en los dibujos animados estereotipando a la gente enfadada. Mientras que la ira es una emoción caliente, sin embargo, el miedo causa que la temperatura descienda, una de las pocas diferencias entre la respuesta corporal al miedo y la ira.

Esa es la respuesta física a la ira, pero la respuesta psicológica es igualmente importante, y son nuestros pensamientos y comportamiento los que podemos adaptar para manejar la ira satisfactoriamente. Simplemente con ver un arañazo en nuestro bonito coche azul no es suficiente para que la mayoría de la gente entre en cólera. Tenemos que asociar también a alguien más con el resultado. Incluso entonces, la mayoría de nosotros no nos dejamos llevar por nuestra ira.

Podemos verbalizar nuestra irritación: "Maldita sea. ¡Estoy harto de que esa camioneta ocupe dos plazas en el aparcamiento delantero! Ojalá aparcara Fernando en las plazas más grandes o trajera un coche más pequeño". Puede que incluso fantaseemos con llamar a la grúa o bloquearlo con otros dos coches. Si no vemos o sospechamos de un responsable, la respuesta puede incluso cambiar a tristeza u otra emoción. Cuando la ira es la respuesta emocional apropiada (cuando vemos que hemos sido heridos, identificado un responsable y percibido malicia en el acto de la lesión), no estamos equivocados al enfurecernos. Una conversación con Fernando sobre su camioneta puede aclarar las cosas. Sin embargo, la forma en la que canalizamos nuestra ira puede ser profundamente inapropiada.

Cuando es justificable (vemos a alguien robar un teléfono o nos enteramos de que ese ascenso por el que hemos estado trabajando tan duro se lo han dado a un recién llegado que es familiar del director general) la ira tiene sentido, y el truco es mayormente controlar la ira y canalizarla en algo más productivo que una respuesta a gritos o violenta. Ese camino productivo puede acabar ayudándonos a conseguir un trabajo mejor o, a lo mejor, un teléfono más nuevo y mejor.

¿Qué causa que nos sintamos enfadados?

Aunque los humanos han llegado muy lejos y han evolucionado desde el tiempo de nuestros antepasados, este estado emocional todavía permanece (aunque también ha evolucionado desde entonces). Los brotes emocionales de ira que sentimos hoy todavía tienen vínculos similares a los de los primeros humanos. Por ejemplo, cuando nuestros seres queridos están en peligro o han sido ofendidos, sentimos ira por la amenaza percibida y queremos intervenir para defenderles.

En momentos de ira, tomamos malas decisiones. Perdemos todo sentido de racionalidad, y nuestra inteligencia emocional deja de existir. Todo lo que sentimos es pura ira (en casos extremos), la sangre late en nuestras venas y nuestros músculos se ponen tensos y furiosos. La ira es una emoción cruda que puede llevarle a hacer cosas que normalmente no haría. La furia parece secuestrar todo nuestro sentido común y hace imposible tomar buenas decisiones cuando nos consume esta emoción. Todo lo que acabamos haciendo es dañarnos a nosotros mismos, la gente a nuestro alrededor, y estar completamente arrepentidos por lo mal que manejamos la situación.

Puede haber varios factores que causan su furia. Cada persona tiene diferentes desencadenantes que provocan esta reacción. Algunos de los ejemplos de lo que puede causar que una persona monte en cólera incluyen los siguientes:

- Se enfada cuando experimenta un trato injusto hacia su persona u otras.

- Se enfada cuando es incapaz de detener algo.

- Se enfada cuando no alcanza su meta.

- Se enfada cuando piensa que le están tratando injustamente o de forma desagradable a usted (u otra persona).

- Se enfada cuando alguien rompe una promesa.

- Se enfada cuando alguien le miente.

- Se enfada cuando le han decepcionado o cuando piensa que usted es decepcionante.

- Se enfada cuando le ignoran o maltratan.

- Se enfada cuando se siente desatendido.

- Se enfada cuando le agreden verbal o físicamente.

- Se enfada cuando se encuentra con malos conductores en la carretera.

- Se enfada cuando tiene que trabajar con compañeros difíciles o en mala sintonía y afecta a su trabajo.

- Se enfada cuando no se sale con la suya (puede que sea algo a lo que está acostumbrado).

Hay muchos escenarios y situaciones posibles que podrían causar que una persona se enfade o disguste. Una de las cosas que tiene que hacer para aprender a gestionar su ira sería identificar los detonantes que le provocan para que pueda aprender a reconocerlos.

¿Cómo sé si tengo un problema de ira?

¿Se pregunta si su cólera está dentro de lo saludable o lo malsano? ¿Está preocupado de que pueda tener un problema de ira? Hay varios indicadores que pueden ayudarle a identificar si su ira es en realidad algo de lo que preocuparse. ¿Con cuántos de los siguientes indicadores se identifica?

- Es difícil para usted superar su furia. Cuando se enfada, deja que macere y hierva dentro de usted hasta que explota y todos a su alrededor sufren su cólera.

- Puede guardar rencor durante años debido a su ira. Conoce a gente con la que no ha hablado durante mucho tiempo porque todavía está enfadado con ellos.

- Se siente deprimido con facilidad y con demasiada frecuencia, sin darse cuenta de que podría ser el resultado de reprimir sus problemas de ira. Tiene pensamientos suicidas peligrosos, o incluso tiende a la violencia.

- Usted es incapaz de expresar su furia de forma adecuada, escogiendo, en cambio, contenerla dentro de usted. Esto también podría ser peligroso porque puede derivar en otros problemas emocionales.

- Al aferrarse a su ira no puede vivir una vida feliz y satisfactoria. Se siente constantemente disgustado, irritado y frustrado, más veces que feliz y cualquier mínima cosa puede molestarle por ello.

- La gente a menudo le describe como un individuo muy enfadado.

• Es verbal, emocional (e incluso a veces físicamente) abusivo con otras personas a su alrededor. Siente que esto afecta no solo a su vida personal, sino también a su vida profesional.

• Le han descrito como abusivo.

• Usted no expresa abiertamente su ira, pero encuentra otras formas de canalizarla. Por ejemplo, es cínico o sarcástico hacia usted mismo u otras personas, o ha adoptado un punto de vista pesimista respecto a la vida. Esto no es algo bueno porque puede desembocar en gran infelicidad, no solo para usted, sino también para todos aquellos que le rodean.

Si le suenan demasiados de estos indicadores, puede que usted tenga un problema potencial de ira. Lo primero que tendría que hacer es aceptar que su furia es un problema. No tiene sentido negarlo por más tiempo si quiere arreglar la situación y aprender a gestionar su ira mejor. Tiene que comenzar por aceptarlo usted. Esto es algo que nadie más puede hacer por usted.

No tiene que autoflagelarse si descubre que tiene problemas de ira. Considere lo siguiente: *usted tiene razones válidas por las que enfadarse*. Es cierto que puede que la forma en la que expresa ese enfado sea irracional e inaceptable, pero no se está enfadando sin motivo alguno. Puede que tenga buenas razones por las que enfadarse, pero no utilice esas razones para excusar su comportamiento. Nada merece la pena si dañamos emocional, verbal o físicamente a la gente a nuestro alrededor, especialmente nuestros seres queridos. Ese tipo de cicatrices pueden tardar mucho tiempo en curarse, si es que se curan del todo.

Su ira comienza por algo, y ahora que conoce las razones, es hora de aprender a gestionar la segunda parte del proceso.

Mitos comunes sobre la ira

Antes de empezar a aprender a gestionar mejor la ira, es importante desbancar algunos de los errores y mitos comunes que pueda haber oído sobre la cólera. Esto ayudará a conseguir que entienda mejor lo que es la ira (y lo que no lo es), y será capaz de usar ese conocimiento para trabajar mejor en sus técnicas de gestión.

Aquí hay algunos de los mitos más comunes sobre la furia que tienen que desaparecer:

- **Mito – Los hombres se enfadan más que las mujeres.** Esto no es verdad, ya que las mujeres se enfadan igual que los hombres. De hecho, los estudios muestran que las mujeres pueden enfadarse con tanta frecuencia como los hombres y ambos sexos tienen las mismas probabilidades de enfadarse al mismo nivel que el otro. Puede que la ira de un hombre sea más intensa que la de una mujer, pero las mujeres pueden aferrarse al enfado por mucho más tiempo que un hombre.

- **Mito – La cólera solo es un problema si se muestra.** La ira que no se expresa puede ser igual de problemática. La furia reprimida es similar a como funciona un volcán. Burbujea y hierve bajo la superficie hasta que un día, cuando algo le provoque, toda la ira reprimida saldrá en todas direcciones con consecuencias catastróficas. La cólera que no se expresa o muestra es tan mala como la ira que se exhibe abiertamente.

- **Mito – Cuanto mayor se haga, se enfadará más.** Esto no es completamente cierto. De hecho, algunas personas con la edad se vuelven más mansas porque saben lo que quieren. Saben que sencillamente ya no merece la pena enfadarse por algo trivial y han aprendido de su experiencia que, a veces, no merece la pena enfadarse por todo aquello que les molesta.

- **Mito – La ira es algo malo.** De nuevo, no es verdad, como describimos antes en este libro, la ira puede usarse para algo bueno y convertirse en un factor motivador. La furia puede tener muchas funciones y propósitos diferentes. Depende por completo de cómo la use. ¿La utiliza para impulsarle, darle energías o inspirarle? ¿O hace lo contrario? Esto depende por completo de cómo maneja la situación y su ira.

• **Mito – De lo que se trata la ira es de la venganza.** Eso depende del individuo. Esto no es cierto para todas las personas. Para algunas, la venganza no es algo en lo que piensan ni podría llegar a ser un motivo secundario. No siempre todo se trata de la venganza. A veces enfadarse es una forma de desahogarse o liberar la frustración que se ha acumulado dentro. Para algunos, su furia solo dura un breve momento, y una vez se ha acabado, vuelven a ser la persona de antes sin pensar de nuevo en ello.

• **Mito – Solo algunos *tipos* de personas tienen problemas de ira.** Esto no es verdad. Cualquiera puede tener problemas de ira sin importar de dónde viene o cuál es su origen. No significa necesariamente que solo aquellos que provienen de hogares rotos, tienen un historial malo o no son miembros respetables de la comunidad sean propensas a tener problemas de ira. Cualquiera puede tener problemas de furia, incluso aquel policía dirigiendo el tráfico en la calle o el abogado respetable que trabaja en la ciudad. Abuelos, médicos, albañiles, gente pobre, gente rica, niños, profesores, científicos… Cualquiera puede tener problemas de ira porque la ira es una emoción que *todos* experimentamos.

¿Está afectando la ira a su salud?

Sí. Cuando está descontrolada, la ira puede afectar a su salud directa e indirectamente. Le está causando problemas sin que se dé cuenta. Algunos ejemplos de cómo le está afectando la cólera a su salud de forma *indirecta* incluyen los siguientes:

• Aumenta las probabilidades de sufrir un ataque al corazón por el constante estrés que siente.

- También incrementa su presión arterial y niveles de colesterol, volviéndole susceptible a problemas de salud por el estrés.

- Puede causar obesidad (comer por estrés, ¿le suena?).

Y cómo le está afectando la salud de forma *directa*:

- La ira afecta a su proceso de toma de decisiones. No puede tomar decisiones racionales y apropiadas cuando le ciega la furia todo el tiempo.

- Desemboca en heridas físicas. Por ejemplo, podría dar un puñetazo a algo en un ataque de cólera que acabe haciéndole daño. O peor, podría darle un puñetazo a alguien causando lesiones físicas a otra persona. Ninguna de las dos es buena, por supuesto.

- A algunos, la ira puede conducirles a tendencias alcohólicas.

- La furia puede transformarse en agresividad al volante.

- Si conduce cuando está enfadado, es difícil concentrarse en su conducción, lo que aumenta el riesgo de que ocurran accidentes de tráfico.

Estos son solo algunos ejemplos de cómo los problemas de ira pueden causar efectos perjudiciales para su salud, y puede que no lo haya pensado hasta ahora (razón por la que ahora es más importante que nunca que aprenda a gestionar su ira de una vez por todas).

Capítulo 2: Tipos de problemas de ira – El bueno, el feo y el malo

Algunas personas tienen una mecha más corta que otras, lo que puede explicar por qué se enfadan mucho más rápido y más a menudo. Normalmente cuando esto pasa, rara vez hay tiempo de controlar la situación antes de que se vaya de las manos. Pero ¿por qué algunas personas tienen una mecha más corta que otras? Antes de que nos centremos en el lado bueno, malo y feo de la ira y en lo que puede desembocar, echemos un vistazo a algunas de las posibles razones detrás de que pierda su paciencia más a menudo de lo que debería. Podría atribuirse a un número de factores:

•**Su temperamento** – ¿Recuerda que mencionamos que todos los individuos son únicos? Este es el ejemplo perfecto para ilustrar este punto. Todos somos diferentes, y, por tanto, nuestras personalidades y nuestros *genios* son diferentes. No todos estamos programados de la misma manera. Algunos actúan más rápido, mientras que otros necesitan más tiempo para procesar su siguiente paso. Algunos se lanzan a la acción sin pensarlo dos veces, mientras que otros necesitan tiempo para sopesar las consecuencias. Algunas personas son más extrovertidas y aventureras, mientras que otras son más despreocupadas e introvertidas. Y, de la misma forma, alguna gente tiene la mecha más corta que otras. Nuestras diferencias son lo que nos hace únicos.

• **Su personalidad** – ¿Qué tipo de personalidad diría que tiene? ¿Es impaciente normalmente? ¿Impulsivo? ¿Beligerante? ¿Dominador? ¿Mandón? ¿Exigente? ¿Crítico? Si ha respondido *sí* a uno o más de estos rasgos de personalidad, entonces podría explicar por qué tiende a tener una mecha más corta que otros. Las personalidades competitivas tienden a tener mechas más cortas también porque aquellas con este tipo de personalidad generalmente insisten o exigen que las cosas salgan como ellas quieren.

• **Los ejemplos que tuvo** – ¿Quiénes fueron sus modelos a seguir cuando estaba creciendo? ¿Tuvo padres o familiares que se enfadaban fácilmente? Algunas veces la razón de nuestra mecha corta es que es lo único con lo que nos podemos identificar. Ese fue el ejemplo que tuvimos al crecer. No conocemos otra forma ya que nos criaron así. Si uno o ambos padres tenían tendencia a enfadarse fácilmente, lo más probable es que usted tenga la misma tendencia.

• **Altos niveles de estrés**– ¿Está constantemente estresado? ¿Sufre un estrés excesivo que parece consumirle? No puede ni recordar un momento en el que *no* sienta estresado. El estrés podría actuar como un desencadenante potencial para una mecha corta, resultando en arrebatos repentinos, berrinches y comportamiento irracional. Es la forma de reaccionar de su cuerpo frente al estrés que ya siente.

• **¿Sufre de trastornos del estado de ánimo?** – Podría ser otra razón por la que se enfada rápidamente. Un trastorno del estado de ánimo sin diagnosticar podría provocar su falta de paciencia sin siquiera darse cuenta. Trastorno bipolar, depresión y ansiedad son todos detonantes potenciales porque no necesitará mucho para que se enfade. Si sospecha que puede padecer uno de estos trastornos, es mejor que busque ayuda profesional y no continúe sin diagnosticarlo.

• **¿Duerme lo suficiente?** – La falta de sueño podría actuar también como un detonante potencial para una mecha corta. ¿Alguna vez se ha dado cuenta de cómo las cosas parecen más difíciles o requieren mucho más esfuerzo cuando está cansado o fatigado por la falta de sueño? Está de mal humor, irritable, e incluso las cosas más pequeñas parecen un problema importante. Eso es debido a que su cuerpo está cansado, sus nervios están a flor de piel, y la falta de sueño le hace menos eficiente de lo normal. Por lo tanto, no se necesita mucho para que pierda los estribos cuando está privado de sueño.

• **¿Cómo ve el mundo?** – ¿Cuál es su actitud frente a la vida? ¿Usted ve el mundo lleno de posibilidades? ¿Se levanta cada mañana con optimismo? ¿O tiene una visión más bien cínica u hostil del mundo que le rodea? El vaso siempre está medio vacío, y no hay un rayo de esperanza a la vista. Cuando las cosas no salen de la forma que esperaba, desata su genio, y ataca a cualquier cosa o persona que pueda estar cerca.

• **Tiene escasas habilidades de comunicación** – Cuando le cuesta hacerse entender o expresarse, puede frustrarse. Unas capacidades de comunicación escasas o pobres pueden desembocar en muchos malentendidos, que pueden llevar a discusiones que pueden provocar que se enfurezca porque siente que su argumento no está siendo recibido. Las pobres habilidades de comunicación son otro posible detonante por el que puede perder la paciencia más rápido que otros.

• **¿Les echa la culpa a otros rápidamente?** – ¿Le echa la culpa a otra persona en cuanto puede? ¿Es siempre otra persona y otra cosa la responsable de su desdicha y nunca usted? ¿Piensa que las cosas *malas* que le pasan son normalmente consecuencia del error de otra persona? Sentirse así todo el tiempo es un método infalible para una mecha corta, ya que hace muy fácil estar enfadado con el mundo y con todos en él cuando siempre hay otra persona a la que culpar.

El bueno

Antes, en el capítulo 1, se trató brevemente cómo la ira (cuando se usa de forma correcta), puede ser una herramienta usada para bien. Comencemos repasando algunos de los aspectos positivos de nuestra respuesta fisiológica a la cólera.

Los científicos han encontrado más de una ventaja al estado de furia. Es de acción corta y energizante. Puede ayudar a la concentración, organización y pensar claro. Los resultados pueden variar individualmente, pero, ya que la ira es una respuesta hormonal a un tipo de emergencia específica, mucha gente descubrirá que pueden hablar más fácilmente, su fuerza física aumenta temporalmente y se concentran clara y minuciosamente en el problema entre manos. Profesionalmente, la ira bien canalizada nos empuja a buscar soluciones y comunicarnos con aquellos que pueden ayudarnos a instigar el cambio.

Cuando la ira es buena, y a un nivel saludable, a veces no parece ni se siente para nada como ira. La irritación ocasional es lo máximo que debería sentir si su furia estuviese dentro de un rango saludable. La buena ira nunca aparecerá en forma de ningún tipo de agresión. Esta es la razón por la que la ira puede ser a veces algo bueno. Cuando está en sintonía con sus valores, inteligencia emocional, integridad, pasión, amor y creencias, puede motivarle a realizar acciones positivas sin tener que depender del comportamiento agresivo o dominante alguno. La gente que experimenta ira saludable sabe que la violencia y las discusiones nunca son la respuesta, de manera que nunca es una opción para ellas.

La ira, cuando se usa para bien, puede suponer las acciones siguientes:

- Le lleva a realizar acciones precisas y directas

- Le motiva a sobrepasar retos sin percibirlos como una amenaza

- Le da el coraje para realizar las acciones necesarias

- Le ayuda a concentrarse en una meta clara

- Despierta su fuego y pasión interna por marcar la diferencia

- Le ayuda a mantener el control sin necesidad de explotar o perder la paciencia porque sabe cómo manejar sus emociones

- Le ayuda a hacerse responsable de sus acciones porque entiende que echarle la culpa a otra persona nunca va a ser bueno para nadie

- Le empodera a sobrepasar su zona de confort y sobresalir en los retos

- Puede convertirse en uno de sus mayores recursos, empujándole a hacer lo necesario

Cuando la ira surge en relaciones íntimas, puede resultar en discusiones sobre temas problemáticos o desembocar en soluciones creativas. Enfadarse con los niños pequeños se usa a menudo para instigar un cambio positivo (mayormente en el adulto). Dado que los adultos enfadados son más grandes que sus hijos y podrían dañarles o asustarles con una respuesta física o estridente, la mayoría de los padres tratan de controlar su enfado (por ejemplo, si ha pintado en las paredes con pinturas, puede trabajar rápidamente en buscar una solución para, casi literalmente, borrar el problema).

Otro aspecto útil de la ira es que no dura demasiado. Recuerde el héroe de cómic *El increíble Hulk*, que se hinchaba en un monstruo verde cuando estaba enfadado. Descargaba su ira en cualquier vehículo o laboratorio o narcotraficante que se encontrase en su camino y después se desplomaba exhausto y encogía hasta su modesto ser habitual.

La transición rápida tras el episodio de furia es una razón por la que incluso cuando la furia causa efectos malos, normalmente no son realmente horribles. La ira nos agota demasiado como para poder mantenerla. La ira mantenida durante mucho tiempo nunca es tan concentrada como la variedad a corto plazo, pero puede llevar a altos niveles de estrés, que tienen efectos nocivos en nuestros sistemas nerviosos, circulatorios y pulmonares.

¿Cuándo empieza a ponerse malo y feo?

Un ejemplo de cuando su furia empieza a volverse mala o fea es cuando se identificaría con un león dormido. Todo está bien hasta que algo le provoca y monta en cólera. Este es el momento en el que su ira se vuelve tóxica porque la gente empieza a sentir que es difícil estar a su alrededor. Siempre tienen que estar en guardia, nerviosos y ansiosos, tienen cuidado de cómo se comportan y las cosas que dicen porque no quieren desatar uno de sus episodios de cólera. La ira se vuelve tóxica cuando empieza a envenenar casi todos los aspectos de su vida. Arruina relaciones. La gente no se siente segura a su alrededor y se da cuenta de que la gente a menudo le da excusas para evitarle. Este es el momento en el que pasa de bueno a malo y feo.

La ira fea es la variedad que vemos en *El increíble Hulk* (antes de que se desplome). A menudo es físicamente dañina, agresiva y violenta, aunque normalmente está dirigida hacia alguien que el agresor conoce. Lo peor de la ira ocurre cuando es tanto violenta como dirigida hacia alguien que no se puede defender. La furia agresiva y violenta es, a menudo, doméstica, dirigida hacia la pareja, hijos o familiares ancianos. Es un comportamiento criminal.

Con frecuencia, la ira extrema está vinculada con otros procesos mentales que no están operando de forma óptima. Si un padre enfadado también está borracho, entonces él o ella puede que no tenga la habilidad de controlar su respuesta furiosa tan rápido cuando un niño se porta mal. Si él o ella está enfadada y también mentalmente inestable, incluso debido a un mal funcionamiento bioquímico, como trastorno de ansiedad generalizada o depresión crónica, puede exacerbar impulsos coléricos. Tanto el alcohol como las drogas (prescritas o de uso recreativo) pueden nublar el juicio y causar que ignoremos a nuestra voz interna que sugiere que es hora de calmarse.

Si estamos enfadados y hambrientos; enfadados y enfermos; enfadados y cansados; enfadados y nos sentimos oprimidos; enfadados y engañados; enfadados y con frío; enfadados y ansiosos; enfadados y fuera en el sol del desierto… cualquiera de estas combinaciones puede hacer que sea más difícil permitir que nuestra comprensión racional de la situación tome el control y rápidamente cambie nuestra respuesta a algo más apropiada para esa situación.

Evaluemos cómo de iracundo realmente está

Mientras que todo el mundo se enfada, es la *severidad* del enfado y la forma en la que se maneja lo que marca la diferencia entre alguien que experimenta la ira dentro de un espectro saludable y alguien que tiene problemas de ira. No todo el mundo vive la ira hasta el mismo grado y eso también marca la diferencia.

Para saber cómo de enfadado realmente está, usted primero necesita ser capaz de identificar y definir lo que es la ira. La ira es:

- Una emoción que normalmente precede o acompaña a una agresión

- Una emoción que describe la forma en la que se siente respecto a sus enemigos o personas que odia

- Una emoción que hace que quiera pelearse

- Una emoción que le hace sentir como que quiere buscar venganza

- Una emoción que le hace hervir la sangre

- Una emoción que siente frente a algo que percibe como una amenaza

- Una emoción que establece un precedente o tono negativo

- Una emoción que siente que saca lo peor de usted

- Una emoción que saca el lado agresivo de su personalidad a la superficie

A continuación, tenemos que identificar la frecuencia con la que se siente enfadado. Empiece por contestar a las siguientes preguntas:

- ¿Con qué frecuencia se siente enfadado? La semana pasada, por ejemplo, ¿cuántas veces sintió ira o irritación?

- ¿Cuál sería su respuesta en este ejemplo?

-No me sentí para nada enfadado

-A lo mejor una o dos veces

-Entre tres y cinco veces

-Cinco veces o más

-Me sentí enfadado casi todos los días, varias veces al día

Cualquier cosa mayor que de tres a cinco veces a la semana significa que tiene problemas de ira. Pero está bien. La cuestión es ser honesto con usted mismo, aunque no le guste la respuesta. Solo entonces podrá empezar a trabajar para arreglar el problema.

Valoremos ahora su ira en una escala de uno al diez

- **Número 1** – Nada le molesta realmente durante mucho tiempo. Es feliz, apacible y normalmente despreocupado. Es difícil que pierda la paciencia e, incluso entonces, no dura mucho...

- **Número 2** – Siente una ligera irritación de vez en cuando, pero nunca dura mucho. Generalmente se le pasa muy rápido. A veces la experimenta a una escala mayor, pero no es suficiente como para que se altere o se distraiga de lo que debería estar haciendo.

• **Número 3** – Guarda su ira dentro y aun así responde a la gente de forma negativa. Su irritación y cólera no son los suficientemente fuertes como para afectar a su toma de decisiones, pero la gente a su alrededor puede empezar a notar que está contrariado.

• **Número 4** – Siente que quiere gritarle a alguien que está en su camino o regañar a alguien porque está enfadado o irritado. Empieza a imaginar situaciones en su cabeza donde riñe a gente. Realmente empieza a contemplar la posibilidad de actuar según esos pensamientos, pero su ira no es lo suficientemente fuerte como para que actúe todavía.

• **Número 5** – Empieza a enfadarse por cada pequeña cosa y puede que esté enfadado consigo mismo. Todavía puede controlar sus reacciones y su comportamiento, pero ahora es muy obvio para la gente que le rodea que está bastante enfadado o irritado.

• **Número 6** – Empieza a sentir que podría regañar seriamente a alguien y cada vez es más difícil ocultar su cólera. Puede que le eche la bronca a alguien de vez en cuando, pero todavía está haciendo un esfuerzo por intentar dominar su furia. Aunque cada vez es más difícil.

• **Número 7** – La ira le está empezando a afectar físicamente. Sus músculos empiezan a tensarse; la vena en su sien palpita y parece que su sangre está empezando a hervir. Cada vez es más difícil controlar su ira mientras siente que crece hasta niveles superiores.

• **Número 8** – Su ira ha llegado a un punto en el que siente que tiene que hacer algo al respecto. Quiere gritar a la persona que le está molestando. Quiere vengarse de la persona que le dañó. Empieza a sentir un deseo fuerte de infringir daño o dolor, ya que se siente tan enfadado. Cada vez es más difícil mantener la cabeza fría.

• **Número 9** – Ha empezado a actuar según sus impulsos iracundos. Está gritando, chillando, regañando a la gente, usando claves verbales para que todo el mundo sepa que *no* está contento y le dice a la gente exactamente lo que piensa. Su cólera está empezando a dominarle en este punto y ya no le importa si sus palabras hieren los sentimientos de alguien.

• **Número 10** – En este punto, usted supone un peligro para usted y los que le rodean. En esta etapa, podría recurrir a la violencia física, ya que su ira le ha cegado tanto que simplemente ya no le importa. Su cólera ha tomado las riendas y ya no se comporta como usted mismo.

¿Dónde considera que se encuentra usted en esta escala la mayoría de las veces? ¿Dónde considera que ronda constantemente? Esta será una buena indicación de lo realmente enfadado que está casi todo el tiempo. Un individuo emocional sano no se aventura más allá de los números 1 y 3. Cuando la ira se vuelve tóxica es cuando se encuentra viviendo entre el 8 y el 10 todo el tiempo en casi todas las situaciones, incluso cuando no es algo serio.

Capítulo 3: Cómo alcanzar el control – Ira negativa, ira prolongada y temperamento explosivo

Ahora que sabe lo que causa la ira, de dónde viene, lo bueno, lo malo y lo feo, es hora de empezar con la parte importante: cómo controlar su ira. Ya sea negativa, prolongada o incluso el tipo de ira de temperamento explosivo, la conclusión es que quiere mantener su furia bajo control, no solo por usted, sino también por todos aquellos que le rodean.

La cólera puede asumir diferentes formas. Algunas personas se enfadan, pero solo por un breve periodo, y no se obsesionan por ello después. Algunas personas no pueden evitar obcecarse en la ira, y puede llevarles horas, días, meses o, incluso años el superarlo. Si es que son capaces de superarlo, claro está. Además, hay personas que, cuando pierden los estribos, liberan su cólera en lo que se llama episodios de ira explosiva.

Sin importar la forma que tome su ira, hay una cosa que todas tiene en común: son malas para su salud y estado emocional. No solo eso, ya que albergar tanta ira dentro todo el tiempo puede derivar en patrones de comportamiento arriesgados, violentos y peligrosos. Podría evolucionar en problemas como las drogas o abuso de alcohol. Los problemas relacionados con la salud, como hemos visto, incluyen los relacionados con enfermedades coronarias. Otros problemas de salud que podrían aparecer como resultado de problemas de ira severos incluyen insomnio, dolores musculares y de cabeza e, incluso, problemas digestivos. Posiblemente, la peor consecuencia, sin embargo, es el daño que puede causar a sus relaciones, especialmente a las personas que más le importan.

Consejos para empezar a aprender a controlar la ira negativa, prolongada y explosiva

Un concepto erróneo común sobre la gestión de la ira es que simplemente significa aprender a *reprimir* su cólera. Suprimir su ira no es la meta. La meta aquí es aprender a *controlar* la ira y entender por qué está reaccionando de esta manera. Aprender a responder mejor sin montar en cólera como su primera reacción inmediata. Ser capaz de alejarse de situaciones sin perder el control cuando normalmente se hubiese exacerbado. *Esa es la meta* de aprender a controlar su ira.

No queremos que se deshaga por completo de su ira porque es parte del rango normal de emociones humanas. Deshacerse completamente de ella sería antinatural y, más importante, se perdería los beneficios de la ira saludable (y por eso necesita aprender a *controlar* su ira en vez de suprimirla o eliminarla). Cuanto más aprenda a controlar su ira, para expresarla de forma mucho más saludable, mejor será para su salud, su felicidad y sus relaciones.

Empiece a aprender a controlar su ira al:

- **Reconocer su ira** – Negar sus problemas de ira es una de las peores cosas que puede hacer. Más importante aún, no le ayudará a aprender a controlarla. Enfrentarse a sus problemas puede que no sea lo que quiere, pero vivir negándose a aceptar la verdad e ignorarlos nunca soluciona nada igualmente. Si tiene problemas de ira a los que tiene que enfrentarse, es hora de reconocerlos para que pueda hacer algo activamente sobre ello. Cuanto más niegue sus problemas emocionales y de ira, peor será para usted cuando tenga que gestionarla. De hecho, puede que se sienta más furioso o que pierda su paciencia incluso más, ya que se siente desamparado e incapaz de controlar la situación.

• **Explorar la razón detrás de la ira** – Los problemas de cólera siempre derivan de algo: su infancia, una experiencia traumática previa, sus modelos a seguir cuando era pequeño o sus niveles de estrés. Todas estas cosas se acumulan y podrían forjar problemas de ira. Para empezar a aprender a controlar su cólera, primero tendrá que explorar y conectar con las *razones principales* de su ira. Su primera línea de respuesta es cómo la controla. La ira a menudo es una respuesta que tiene la intención de encubrir otros sentimientos que pueda tener. ¿Cuáles son esos sentimientos? ¿Celos? ¿Vergüenza? ¿Dolor? ¿Remordimiento? ¿Inseguridad? Estas son las razones que necesita explorar para saber lo que su furia está escondiendo por usted.

• **Cambiar la forma en la que piensa** – No espere que otra gente *acepte* su ira porque así es como es usted y es parte de su personalidad. Esa es la forma totalmente equivocada de abordarla. De hecho, eso es usted simplemente poniendo excusas para justificar su comportamiento sin tener que hacer nada para cambiarlo. Necesita empezar a cambiar la forma en la que piensa y darse cuenta de que *es su responsabilidad* gestionar sus problemas de ira. El resto de la gente no tendría que tener que tolerar o adaptarse a sus expectativas. Un entorno social no gira alrededor de usted; sino que se trata de todos. Cada persona es igual de importante. En vez de esperar que la gente se adapte a usted, en cambio, escoja usted *querer cambiar a mejor*. Piense lo bien que se sentiría al aprender a controlar su ira, para que la gente que le rodea no tenga que tener siempre cuidado y estar precavidos sobre cuándo va a volver a perder la paciencia.

• **Practicar ralentizando las cosas deliberadamente** – Las emociones pueden derrotarle, especialmente la ira, razón por la cual aprender a ralentizar sus pensamientos y emociones deliberadamente puede ayudar mucho a aprender a controlar su cólera. ¿Ha notado cómo cuando empieza a enfadarse, sus pensamientos empiezan a acelerarse y enredarse? ¿Su respiración se acelera, y de repente es más difícil mantener la mente despejada y reacciona según sus impulsos? Lo que necesita hacer ahora es practicar frenando sus pensamientos para asegurarse de que usted mantiene el control, y no su ira, en cada paso del camino, aunque esté al borde del enfado. Esto se puede conseguir practicando. Por ejemplo, lo que puede empezar a hacer es, la próxima vez que lea algo, léalo despacio y concéntrese conscientemente en lo que está leyendo. Cuando esté escribiendo algo, concéntrese en cada palabra que escriba en vez de ir con el piloto automático. Así es como debe practicar mantener el control, concentrándose en cada cosa que está haciendo.

Más estrategias que se pueden usar para controlar su ira

¿Qué más puede hacer para deshacerse de esta mecha corta que tiene? Desde luego no es un proceso fácil cambiar su carácter, eso está claro. Sin embargo, aprender a controlar su genio puede, sin lugar a duda, conseguirse con la ayuda de las siguientes técnicas:

• **Aprenda a alejarse** – Si esto es algo que nunca ha hecho antes, ahora es un buen momento para empezar. Esto va a requerir que trabaje duro para luchar contra todos sus instintos naturales de contraatacar la situación o persona que le está enfadando. Va a exigirle que se trague su orgullo y aprenda a alejarse de una discusión. Es hora de que se despierte y se dé cuenta de que ninguna cantidad de peleas y discusiones nunca va a arreglar toda una situación, así que es hora de que se lo plantee de la mejor manera siguiente. Escoger alejarse hasta que se haya calmado, en vez de quedarse y discutir, minimiza el riesgo de que su cólera se intensifique aún más hasta el punto de poder llegar a hacer algo de lo que acabe arrepintiéndose. Al separarse de la situación y permitirse un respiro para calmar sus nervios, está utilizando un planteamiento maduro a la hora de manejar cualquier persona o situación. Responder con furia nunca es la solución, y tendrá una oportunidad mucho mejor de conseguir un resultado positivo si elige este método. Escoja alejarse.

• **Distráigase** – La ira puede causar mucho daño, ya que es una emoción perturbadora. Todo sentido común parece que se va por la ventana en caliente. En el capítulo 1, hablamos sobre aprender a reconocer los desencadenantes que tienden a provocarnos y causar que nuestra cólera se intensifique y esta es la razón por la que necesita distraerse. Cuando identifica sus detonantes, es más sencillo frenarlo, y desviar su atención hacia otro sitio hasta que se olvide de lo que estaba amenazando su estado de ánimo. Necesita distanciarse de los desencadenantes todo el tiempo que pueda hasta que se distraiga adecuadamente lo suficiente como para olvidar por lo que estaba a punto de enfadarse.

• **Abandone la necesidad de siempre tener la razón** – Y siempre tener la última palabra. ¿Por qué? Porque simplemente no merece la pena. La ira ocurre dentro de un contexto social y, a menudo, las discusiones pueden durar para siempre si dos personas se niegan a dar marcha atrás. Alguien siempre necesita tener la última palabra, y esta vez *no va a ser usted.* Al continuar entregándose a este comportamiento, no se está ayudando a usted mismo ni a sus problemas de ira. Solo está empeorando mucho más las cosas. Abandone el deseo y la necesidad de siempre tener la razón. Sí, va a tener que tragarse su orgullo de nuevo y luchar contra todos sus instintos de hacerlo, pero merecerá la pena. Se hará más sencillo con el tiempo, y sentirá una sensación de satisfacción porque, en el fondo, sabe que es lo correcto. Para poner fin a la ira o prevenir que se intensifique, alguien tiene que dar un paso en la dirección correcta. ¿Por qué no usted?

• **Use visualizaciones** – Cada vez que sienta que su ira está a punto de salir a la superficie, necesita parar inmediatamente, cerrar los ojos y empezar a visualizar. Puede sonar estúpido, pero funciona. Visualizar es una forma efectiva de aprender a relajarse, y le ayudará a recordar la meta que tiene que alcanzar. La meta aquí, en este caso, será aprender a controlar su ira. Imagine una escena tranquila que le ayudará a mantener un estado de calma relajada cada vez que lo necesite. Esto se puede conseguir con práctica, y necesitará ser capaz de imaginar marcos relajantes de forma vívida como si estuvieran frente a usted. Si la playa es un lugar que le encanta y ha sido capaz de calmarle en el pasado, imagínese eso. Si es un jardín precioso, imagínese eso. Visualice cualquier cosa que le infunda un sentido de calma e incluso felicidad, si es posible. Esta es una gran técnica de distracción también. Ser capaz de visualizar y ver su meta final le recordará por qué está haciendo lo que está haciendo y ayudarle a mantener su curso.

•**Ejercitar tanto el cuerpo como la mente** – Esta es la mejor vía de escape para canalizar toda la ira y frustración que lleva consigo. Ejercitar cuerpo y mente es una forma de redirigir esos sentimientos de enfado hacia mecanismos de liberación saludables. En vez de descargar su ira en la gente a su alrededor, canalícela a través de sus entrenamientos. Si está haciendo kickboxing, por ejemplo, canalícela con cada puñetazo y patada que propine durante su rutina. Si corre, canalice esa energía a través de cada paso que tome al golpear sus pies en el asfalto. Ejercitar tanto la mente como el cuerpo simultáneamente a través del yoga es otra fantástica estrategia. El yoga es uno de los mejores ejercicios que puede incluir en su vida diaria, ya que no hay otra forma de ejercicio que combine entrenamiento tanto del cuerpo como de la mente a la vez. Durante años se ha utilizado el yoga como una forma de fortalecer la mente y el cuerpo y no se trata simplemente de librarse de la energía que le desgasta, sino también de fortalecerse y crecer mentalmente, para que sea más capaz de mantener el control y conservar su ira a raya.

• **Hacer algo que le haga feliz** – Este es uno de los trucos más viejos, y sin embargo sigue siendo uno de los más efectivos. La gente que se debate con sus problemas de ira contiene dentro mucha miseria e infelicidad. ¿Cómo va a aprender a controlar su ira si todavía alberga toda esa negatividad dentro de usted? No hay nada mejor para deshacerse de esos sentimientos infelices y miserables que simplemente haciendo algo que le haga feliz. Consiéntase con una pasión o afición. Entréguese a una actividad que le encanta. Igual que la ira y la negatividad pueden afectar cómo se siente, pasa lo mismo cuando hace activamente algo que le hace feliz. Con un estado de ánimo más feliz, es más sencillo pensar con una mente despejada. Ya no se pone tan nervioso tan fácilmente, y se vuelve más fácil aprender a controlar sus problemas de ira. Así que, salga y empiece a hacer todas las cosas que le encantan otra vez.

• **Respire conscientemente** – La respiración consciente es un ejercicio útil que tener a mano, ya que, cuando se encara con la ira, usted tiende a perder el control de sus emociones. Siempre que está bajo estrés y se enfada, ¿ha notado cómo su respiración se vuelve superficial y más marcada? Al aprender algunas técnicas eficaces de respiración, podrá controlar radicalmente su respuesta a una situación o persona. La respiración consciente es un ejercicio que requiere práctica, y es algo sencillo y fácil de hacer de forma correcta. Puede practicarla en su casa o en cualquier lugar en el que encuentre un espacio tranquilo, y debería intentar practicarla lo más a menudo posible hasta que pueda ver una diferencia en la forma en la que reacciona a las situaciones. Entrene la respiración consciente sentándose de forma cómoda en una posición relajada, cierre los ojos y concéntrese en cada respiración. Respire profundamente hacia dentro y hacia fuera, despacio y de forma regular, concentrándose en cada inhalación y exhalación. Enfóquese en el aire que está fluyendo hacia dentro y hacia fuera de su cuerpo. Inhale profundamente por su nariz y exhale despacio por su boca. Mientras inhala, cuente hasta cinco, pare, relájese, y exhale contando otra vez hasta cinco. Este ejercicio repetitivo le ayudará a relajarse, mantenerse calmado y aprender a estar en control de sus ritmos de respiración. Siempre que sienta su ira emerger, cambie inmediatamente su atención hacia su respiración y empiece a respirar conscientemente hasta que se haya calmado de nuevo satisfactoriamente.

• **Escriba un diario** – Puede que escribir no sea para todo el mundo, pero a la hora de controlar sus problemas de cólera, puede ser muy terapéutico. Más de lo que puede llegar a pensar. Uno de los problemas cuando se trata de la ira es que está tan abrumado con todo tipo de emociones (furia, frustración, irritación), que todo brota a la vez, especialmente cuando lo ha tenido todo reprimido por tanto tiempo. Mucha gente tiende a atacar verbalmente por la cólera, ya que no tienen los canales o escapes adecuados para liberar su ira. Aquí es donde un diario resulta útil. ¿Por qué ayuda escribir un diario? Porque un diario es algo reservado para sus ojos y le proporciona un lugar seguro y privado donde expresar sus sentimientos y emociones sin temer que le ridiculicen o le juzguen. Lo que es más importante, es posiblemente la válvula de escape más segura para liberar sus sentimientos de furia sin herir a nadie ni a usted en el proceso. Expresar sus sentimientos en un diario no causará problemas ni conflictos con nadie, ya que solo usted lo ve. Su diario es también el lugar donde puede registrar las cosas que le han pasado, y soltar todos sus sentimientos de cólera hasta que se sienta mejor.

Algunos consejos más para tener en cuenta

Debido a que la ira es una emoción que puede ser difícil y exigente de aprender a controlar y dominar, algunas estrategias más pueden ser útiles. Si encuentra que cambiar sus patrones de pensamiento y la forma en la que reacciona enfadado supone un reto, intente las siguientes estrategias como recordatorios o afirmaciones de que puede hacer esto:

- No permitiré que mi ira saque lo peor de mí. Hoy y todos los días estoy en control.

- Soy capaz de aprender a controlar mi cólera.

- Domino mis pensamientos y mis reacciones. Siempre tengo la opción de responder de la forma adecuada.

- La ira es solo temporal. Por tanto, no la dejaré sacar lo peor de mí.

- Reconozco que estoy experimentando enfado ahora mismo y haré lo mejor que pueda para calmarme.

- No dejaré que mi furia aumente hasta perder el control de nuevo. Este es un reto que puedo superar.

- Todos los días se me da mejor controlar mi ira. Cada día soy más fuerte.

- Tengo más control sobre mis emociones y reacciones de lo que creo. Puedo hacer cualquier cosa que me proponga, escojo estar en control.

• Quiero librarme de mis problemas de ira para que la furia no sea un factor determinante en mi vida nunca más.

Capítulo 4: Reevaluar pensamientos iracundos – Cómo manejar la ira prolongada que no desaparece

Superar los problemas de ira es un camino largo, debido a que hay muchos aspectos implicados y muchos retos que superar. Aprender a gestionar su ira no se trata de aprender a manejar sus emociones o responder apropiadamente cuando siente que se empieza a enfadar. La gestión de la ira también trata de *escoger qué tipo de persona quiere ser*. ¿Quiere convertirse en alguien que está enfadado, resentido, amargado y solo casi todo el tiempo? ¿O quiere ser alguien que está cambiando para mejor? ¿Alguien con autocontrol, inteligencia emocional, y la disciplina necesaria para tomar el control y gestionar su ira de una vez por todas?

Empecemos por reexaminar sus pensamientos coléricos y la razón por la que le es tan difícil superar la ira de larga duración antes de esto. Pregúntese las siguientes cuestiones:

- ¿He identificado la fuente de mi ira?

- Si ahora mismo estoy enfadado, ¿cuál es la razón? ¿Qué provocó esta emoción? ¿Por cuánto tiempo he estado enfadado?

- ¿Por qué me resulta tan difícil dejar estar esta ira?

Aunque usted tiene derecho a experimentar ira (todo el mundo lo tiene), necesita considerar *¿por qué le cuesta tanto olvidarse* de esa ira? ¿Está justificado aferrarse a esta furia durante tanto tiempo? Lo que es más importante, ¿merece la pena gastar su preciado tiempo y energía en estar enfadado todo el rato?

Superar la ira de larga duración es algo que solo usted puede hacer. Nadie más lo puede hacer por usted. Si espera que otra persona se disculpe por ser la fuente de su cólera, esperará para siempre, especialmente si ya se han olvidado de ello y han pasado página. Ahora, usted decide si hará lo mismo. Permítase un tiempo para estar enfadado y expresarlo de forma apropiada, pero aprenda a pasar página rápido.

Para ayudarle en este proceso, puede empezar por enumerar 5 formas en las que su vida sería mucho mejor si fuera capaz de olvidar y dejar su ira prolongada estar. Este es un buen lugar para comenzar.

Otras herramientas que podría usar para ayudarle a reexaminar sus pensamientos y aprender a gestionar su ira de larga duración incluyen, autodisciplina, inteligencia emocional y programación neurolingüística, también conocida como PNL.

Cómo la autodisciplina ayuda a gestionar la ira prolongada

Las buenas noticias son que esto es *exactamente* lo que puede hacer. Para manejar su ira de larga duración con la que ha estado luchando durante tanto tiempo, no solo tiene que reexaminar sus pensamientos, sino que necesita *aumentar la autodisciplina* también. ¿Por qué necesita autodisciplina para gestionar su furia? Porque es la respuesta que ha estado buscando. La clave de *por qué* no ha podido ser capaz de gestionar su ira todo este tiempo.

Dentro de usted hay un poder que no sabe que tenía. El poder de hacer los cambios positivos que anhela ver en su vida. Para acceder a ese poder, usted necesita tener autodisciplina. Le ayuda a mantenerse en el camino para conseguir sus metas, para alcanzar su potencial total. En este caso, la meta aquí es cómo gestionar y manejar su ira prolongada que le está costando todo este tiempo dominar.

La autodisciplina y el autocontrol son dos rasgos que no están muy alejados. La razón por la que pueden ayudarle a aprender cómo manejar su ira es que estas dos cualidades le ayudan con la habilidad de controlar sus impulsos, emociones y comportamiento. A veces se refieren a esta habilidad como fuerza de voluntad, y es una cualidad que ha ayudado a dirigir a mucha gente hacia el éxito. Esta será ahora su clave para aprender satisfactoriamente a gestionar y controlar su ira de larga duración. Todo el mundo puede aprender a formar un hábito saludable de autodisciplina. Simplemente depende de si usted elige hacerlo o no. Una vez lo haga, se sorprenderá del tremendo impacto que tendrá en su vida y sus intentos de aprender a gestionar su ira. Verá la diferencia que puede marcar.

La autodisciplina es un talento muy importante que poseer. Entre los beneficios que este atributo conlleva incluyen:

- Ayudarle a mantener las decisiones que toma, seguir adelante cuando las cosas se ponen difíciles.

- Le proporciona el impulso extra y la energía que necesita para pulverizar los obstáculos.

- Le ayuda con el autocontrol, haciendo menos probable que sucumba a sus deseos y tentaciones. En este caso, el autocontrol le ayuda a manejar su ira.

- Le ayuda a evitar que actúe de forma impulsiva según sus emociones, que es lo que necesita si espera controlar su cólera.

- Le ayuda a mantenerse concentrado en lo que está haciendo.

La ira es a menudo, un problema de autocontrol. Usted es incapaz de controlar sus impulsos y sus respuestas, ya que (todavía) no tiene la fuerza de voluntad y la disciplina para tomar las riendas de su furia antes de que salga a la superficie y explote. Aprender a controlar su ira es algo que tiene que empezar *dentro* de usted, y necesita empezar con el autocontrol y la autodisciplina. Usted tiene el poder dentro de usted para decirse a sí mismo:

- Yo NO perderé la paciencia

- Yo NO explotaré

- Yo NO me aferraré a la ira por más tiempo

- Yo NO dejaré que mi cólera me robe más alegría

Esto no frena su ira, sino que más bien, es usted *declarando lo que va a hacer*. Eso es autocontrol y autodisciplina. Ayuda a hacerse cargo y recuperar el control que su ira tenía.

Para empezar a formar hábitos que mejorarán su autocontrol y autodisciplina, use las siguientes estrategias:

- **Deshágase de las excusas** – Ya no hay lugar para excusas si va a aprender a gestionar su ira prolongada. Cuando esté reevaluando sus pensamientos, pregúntese ¿con qué frecuencia da excusas para justificar su comportamiento? ¿Demasiado a menudo? Entonces necesita parar ahora mismo. Es hora de tirar esas excusas por el retrete, que es donde deben estar. La autodisciplina no deja lugar a excusas, solo a la acción.

- **Haga una lista y escríbala** – Haga una lista de todos los cambios que quiere que ocurran para que quede claro como el agua y los tenga delante de usted. Hacer una lista es una de las herramientas más subestimadas, y no puedo insistir lo suficiente en lo útil que puede ser. Como seres humanos, somos criaturas muy visuales. Algo se vuelve más creíble cuando lo podemos ver frente a nuestras narices. Así que escriba sus objetivos y lo que espera conseguir al aprender a gestionar su ira y, cada vez que vea que su fuerza de voluntad flaquea, saque la lista y échele un buen vistazo otra vez.

• **Sea persistente** – Esta es una cualidad muy importante que tener mientras trabaja en mejorar su autodisciplina y autocontrol. Puede ser tan fácil darse por vencido cuando las cosas se ponen difíciles, pero la perseverancia es la prueba de que usted tiene lo necesario para conseguir cualquier cosa que se proponga. Cuando persiste en un momento de debilidad y lo supera, siente una sensación de realización, que será uno de los sentimientos más gratificantes que jamás experimente. La persistencia le hace apreciar cada logro y hace que cada victoria sepa un poco más dulce. Le muestra que es capaz de cualquier cosa que se proponga. Cada vez que pasa por un desafío con persistencia, sale de él más fuerte, victorioso y mejor que cuando empezó. Esto es lo que necesita a su lado según empieza a trabajar en mejorar su autodisciplina.

• **Sepa lo que quiere** – No puede encontrar la motivación y la energía que necesita si no sabe lo que quiere. En este caso, necesita decirse a sí mismo que *quiere* aprender a gestionar sus problemas de ira de larga duración. Pregúntese la razón por la que quiere conseguir esto desesperadamente. ¿Cuál es la razón para hacer todo esto? Tiene que ser capaz de responder específicamente a cada cuestión con convicción y confianza. Así es como forma la autodisciplina que necesita para aprender a manejar su furia; recordando *la razón* por la que está haciendo esto y *qué* quiere conseguir al final de este viaje.

• **Prepárese mentalmente** – Su mente es su herramienta más poderosa, y esta va a ser la clave para incrementar sus niveles de autodisciplina. Prepárese mentalmente usando afirmaciones positivas, escuchando podcasts motivadores, leyendo libros inspiradores, lo que necesite para prepararse con una actitud positiva que le ayudará a mantener este curso de acción y llegar hasta el final.

Si no tiene la disciplina suficiente como para poner el trabajo y el esfuerzo, usted nunca conseguirá los resultados que quiere ni aprenderá a gestionar su ira prolongada.

Cómo manejar su ira prolongada con inteligencia emocional

La inteligencia emocional puede ser una herramienta maravillosa para ayudarle a gestionar su ira de larga duración y reexaminar sus pensamientos coléricos debido a los 5 componentes que conforman la inteligencia emocional. Los 5 principios básicos incluyen conocimiento de sí mismo, autorregulación, empatía, habilidades sociales y motivación. Estos 5 principios son esenciales para aprender a gestionar su ira y reevaluar sus pensamientos, ya que le fuerza a parar y reflexionar para ver más allá de su furia.

El conocimiento de sí mismo le permite ver sus emociones desde un punto de vista objetivo, dar un paso atrás y reflexionar por qué está sintiendo una emoción tan fuerte, que en este caso es cólera. Le permite establecer una conexión entre su corazón y su cabeza para que sus reacciones no estén dominadas por completo por sus emociones (corazón). Así es como empieza a reexaminar sus pensamientos iracundos; usando el conocimiento de sí mismo para reflexionar sobre por qué se siente de esta forma y usar la parte del pensamiento para juzgar lo que es necesario que haga al respecto. La autorregulación, por otro lado, le ayuda a *controlar* sus respuestas, evitar que reaccione impulsivamente por la ira. Funciona en combinación con el conocimiento de sí mismo y, al ser completamente consciente de su ira, sus detonantes y sus causas, le coloca en una posición mucho mejor para determinar lo que necesita hacer y cuál sería la mejor estrategia regulando su comportamiento cuando está enfadado.

Otra característica de la inteligencia emocional que le ayudará a reexaminar sus pensamientos coléricos es la empatía. Esta es la habilidad de ponerse en la piel de la otra persona y entender sus circunstancias. No se trata únicamente de su furia y de cómo se siente; también trata sobre ellos. Si está enfadado, ¿qué pasa con ellos? Si se sienten así, ¿cuál es la razón? ¿Es por las mismas razones por las que usted también está enfadado? Usar la empatía en combinación con habilidades sociales le ayudará a trabajar mejor en los problemas que están causando que pierda la paciencia, ya que, que usted sepa, la otra persona con la que está conversando puede estar en el mismo punto que usted. Es a través de la empatía y las habilidades sociales que podrá llegar a un entendimiento. Combine eso con la motivación y la determinación de *querer* aprender a controlar su ira y tendrá mayor probabilidad de resolver la discusión de forma amistosa, sin que nadie acabe con sus sentimientos heridos.

Cómo gestionar su ira prolongada con programación neurolingüística (PNL)

La PNL es un concepto que se centra en el lenguaje que habla su mente. Se trata de entender lo que su cerebro está intentando decirle. Sin este entendimiento, sería difícil conectarse a sus pensamientos, que, a su vez, haría más difícil para usted, reexaminar sus pensamientos iracundos. Necesita la PNL para ayudarle a conectar con su mente y entender sus pensamientos como nunca antes lo había hecho. Así es como aprenderá a manejar su ira prolongada.

En momentos de cólera donde sus emociones dominan la situación, la PNL será la forma de volver a tomar el control. Este concepto puede ayudarle a conseguir una conexión más profunda entre la razón por la que está aferrándose a su ira por tanto tiempo y abrirse a nuevas ideas y posibilidades de estar más en sintonía con lo que está pasando internamente. Para gestionar sus problemas de ira de larga duración, debe ser capaz de identificar sus limitaciones actuales y superarlas.

El concepto principal de la PNL trata de aprender a penetrar en la parte inconsciente de su mente y volverse más experto en la gestión de sus emociones. Le ayuda a aprender a manejar la situación acorde a las circunstancias en las que está, cosa que le ayudará a sentir empatía a un nivel más profundo y, a lo mejor, ver las cosas desde una perspectiva completamente nueva. De pronto, lo que le estaba enfureciendo puede que ya no parezca tan importante, pero no se dará cuenta de ello hasta que su mente y sus emociones puedan conseguir una conexión estable y fuerte entre ellas.

Hay varios conceptos en la PNL que pueden ayudarle a gestionar sus problemas de ira prolongada, uno de los cuales se llama técnica de Posiciones Perceptivas. Esta estrategia de la PNL le enseña a ver las cosas desde la perspectiva de la otra persona, que, en el proceso, también le ayuda a trabajar en su empatía y habilidades sociales. Con mayores niveles de empatía, desarrollará un mejor entendimiento de las personas a su alrededor, lo que le dará algo en lo que concentrarse en vez de en su ira. Esto, a su vez, le permitirá ver que hay cosas más importantes en las que pensar que la ira, que, con suerte, hará más sencillo que deje de aferrarse a esa ira que lleva arrastrando todo este tiempo.

Y respecto a reexaminar sus pensamientos, la técnica de la PNL del Replanteamiento de Contenido es una estrategia excelente cuando siente que solo se puede concentrar en lo negativo. Reexaminar sus pensamientos significa que necesita replantearse la forma en la que piensa de ellos. En vez de verlos solo como pensamientos que están alimentando su ira, *replantéelos* en algo que le empodera al cambiar el significado con el que ha estado asociando ese pensamiento todo este tiempo. En vez de verlo como un pensamiento que le está enfadando, véalo como una lección que aprender, una experiencia que le enseñó algo nuevo. Al replantear la forma en la que piensa sobre sus pensamientos iracundos, será capaz de ver las cosas desde una perspectiva completamente distinta, y con nuevos puntos de enfoque en los que pensar, se dará cuenta de que, a lo mejor, lo que le estaba enfureciendo, al final, no era para tanto.

Expresar su ira de forma saludable con competencias comunicativas

Unas buenas competencias comunicativas requieren dos cosas: que sea activo y bueno a la hora de escuchar y que vea las cosas desde el punto de vista de la otra persona (empatía). La empatía es una habilidad que a todos nos falta cuando nos enfadamos, igual que como lo destacamos en la sección más arriba sobre la inteligencia emocional, que es la razón por la que aprender a comunicarse de forma eficaz le ayudará a gestionar su ira de larga duración.

Expresar su ira de forma eficaz a través de las competencias comunicativas no se basa tanto en lo que dice, sino *cómo* lo dice. Cuanto más alto hable, menos se hará oír. Piénselo, ¿escucharía a alguien que le está gritando a la cara? Por supuesto que no, se cerraría en banda inmediatamente y bloquearía completamente lo que la otra persona está intentando decir.

La cuestión es, cuando está ocupado en gritar colérico, no se da cuenta de que el mensaje que está intentando transmitir se pierde. Si quiere que le escuchen, necesita trabajar en su volumen y velocidad a la que habla. Cuanto más enfadado está, más rápido y alto tiende a hablar. Sin embargo, estos dos aspectos son en los que tiene que empezar a trabajar si quiere evitar irritar a la persona con la que está hablando y que la conversación acabe en una pelea. Usted empieza a hablar mucho más deprisa cuando está también enfadado. ¿Se ha dado cuenta? Es como si no pudiera esperar a soltar su furia. Pare, haga una pausa, cálmese si quiere ser escuchado.

Otras estrategias que puede usar para comunicar de forma eficaz mientras que gestiona su ira al mismo tiempo incluyen las siguientes:

- **Que sea corto y conciso** – A pesar de lo enfadado que esté, necesita hacer un esfuerzo por mantener la conversación corta y concisa. Lo hace más fácil para que la persona al otro lado de la conversación pueda seguir su razonamiento y escuchar lo que está intentando decir. Esto ayuda a prevenir discusiones interminables que solo acaban en un intercambio de más palabras hirientes por ambas partes. Puede que esté enfadado, pero recuerde que echarle la bronca a la otra persona no le va a hacer un favor a nadie. Evite las explicaciones largas e innecesariamente elaboradas para que la conversación sea eficaz y asertiva. De esta forma, consigue comunicar su idea y decir lo que quería permaneciendo fiel a los hechos y puntos clave. Así es como se maneja una conversación enfadado de forma eficaz.

• **Destaque su empatía** – Imagine que está en una discusión acalorada. Está enfadado y está intentando decir a la otra persona *la razón* por la que está enfadado. Cuando la persona contesta "entiendo lo que me está diciendo y comprendo su punto de vista", ¿no le hace sentir mucho mejor? Puede manejar eficazmente una conversación iracunda y evitar que se intensifique expresando empatía. La ira de larga duración es, a menudo, el resultado de sentimientos de insatisfacción, sentir que no ha podido dar su opinión, y hay más cosas de las que se quiere desahogar. Siente que la otra persona todavía *no lo entiende*. Esto podría contribuir a que no pueda deshacerse de su ira y se aferre a ella durante mucho tiempo. La próxima vez que esté en una discusión acalorada, intente expresar su empatía y descubra cómo puede marcar la diferencia en esa situación.

• **Controle el tono de su voz** – Para comunicar eficazmente en una discusión enfadado, tendrá que utilizar mucho el autocontrol por su parte. Esto le permitirá seguir siendo asertivo pero lo suficientemente calmado como para no empezar a gritar y ser cegado por la cólera. Tendrá que utilizar el autocontrol para controlar su tono de voz para asegurarse de que su volumen no aumenta con cada frase que pronuncia. Es un ejercicio complicado de dominar al principio, pero que puede lograrse con paciencia y práctica.

• **En ningún caso presione a la otra persona** – No presione a la otra persona con la que está hablando a que consienta la forma en la que está pensando. Eso no es ser un comunicador eficaz, sino que raya en el acoso. Cruzará esa fina línea y se aventurará en la agresión colérica. Usted puede seguir haciéndose entender mientras que comunica de forma eficaz durante una conversación acalorada si escoge ser respetuoso con la persona con la que está hablando. Reconozca y respete que no tiene ningún control sobre lo que otra gente piensa o la forma en la que se comporta, y lo mejor que puede hacer por usted y por todos los demás es mostrarse firme sobre su decisión, pero permanecer calmado y respetuoso, aunque esté enfadado. Esta es la forma de gestionar la ira de larga duración y evitar que se convierta en un episodio de cólera explosiva.

Capítulo 5: Métodos para lidiar con la ira – Técnicas de relajación, dejarlo estar y perdonar

¡Si mantenerse calmado y sereno fuese tan sencillo como perder la paciencia! El mundo sería un lugar mejor, ¿no es así? Enfadarse puede hacerle la sangre hervir y subir la tensión, razón por la que es importante aprender a relajarse y calmar sus nervios antes de que acabe fuera de control. La tensión arterial alta es una condición de por vida, y una vez ocurre, estamos hablando de tener que tomar medicación de por vida simplemente para intentar mantenerla bajo control. ¿Merece la pena arriesgar la salud de esta forma por culpa de la ira? No, desde luego que no.

Aprender a relajarse y mantener la calma – Técnicas de relajación efectivas para ayudar a calmarse

La técnicas de relajación van a ser lo mejor a la hora de lidiar con su ira. Esto ayuda a prevenir que pierda el control y a hacer algo de lo que se arrepentirá más tarde. Si ha pasado demasiadas veces de lo que le gustaría admitir, a lo mejor es hora de empezar a adoptar estas técnicas de relajación que le ayudarán a calmarse.

Técnica de relajación #1 – Hacer ejercicio

Una de las mejores técnicas de relajación que puede hacer maravillas para mejorar su salud en general es el ejercicio. Y no cuesta nada (a no ser que se apunte a un gimnasio o clases). Sea consciente o no, su estilo de vida juega una parte importante en su estado de salud actual. Si está afrontando problemas de ira, es probable que ya haya experimentado de primera mano alguno de los efectos que la ira puede causarle. Factores internos como altos niveles de estrés diarios, problemas emocionales, sentirse triste y nervioso son también factores que pueden contribuir y, a la larga, pueden desembocar en presión arterial alta por un tiempo prolongado. Todo esto está relacionado con la ira, razón por la que puede causar muchas enfermedades relacionadas con el corazón de las que hablamos en capítulos previos.

Esta es la razón, como parte de su proceso de relajación, por la que debería recurrir al ejercicio. El ejercicio es bueno para usted. El ejercicio le ayuda, no solo a elevar su estado de ánimo, sino que, a medida que su cuerpo se pone en forma y más fuerte, sus niveles de energía aumentarán y descubrirá que es capaz de hacer muchas más cosas en un día. Hacer ejercicio también le ayudará a aumentar los niveles de endorfinas, la hormona que le ayuda a sentirse bien y feliz. Si se está aferrando a muchos problemas de ira, esto es algo que desde luego va a necesitar. Hacer ejercicio es un canal, una salida para liberar la frustración o estrés que pueda tener para que no los reprima. Simplemente hable con cualquiera que haga ejercicio regularmente y podrán confirmar lo mucho mejor que se sienten después de terminar de entrenar. El ejercicio es una técnica excelente de relajación que puede enseñarle a gestionar su estrés y cómo liberar cualquier estrés que pueda estar conteniendo. La próxima vez que se enfade o altere, intente hacer algo de ejercicio. ¿Nota la diferencia en cómo se siente?

Técnica de relajación #2 – Yoga

El yoga es otro gran método de relajación cuando está estresado o enfadado. ¿Por qué es tan genial para ayudarle a relajarse? Porque se basa en movimientos lentos y controlados. No ejerce mucho estrés ni esfuerzo en sus músculos y se concentra en ganar fuerza a través de movimientos controlados. El yoga se basa en principios básicos para ayudarle a conseguir un estado de calma: meditación, técnicas de respiración profunda y actividad física controlada.

La meditación le enseña a respirar profundo y de forma consciente, llevando más oxígeno dentro de su cuerpo, el cual ayuda a su sangre a fluir mejor. Le da algo en lo que concentrarse a parte de lo que le está enfadando. La respiración profunda le enseña a su mente y a su cuerpo a relajarse, abrir sus músculos y lentamente liberar el estrés de su cuerpo con cada inhalación y exhalación. Se concentra en estabilizar, energizar y despertar su mente, cuerpo y alma.

Un movimiento o pose en yoga conocido como *Asana* es una buena técnica que adoptar porque está diseñada para ayudar a su cuerpo a conseguir la paz y la concentración a través de una serie de movimientos y estiramientos. Los movimientos son regulares y cómodos para su cuerpo, alentándole a relajarse y ser firme durante el movimiento. Los movimientos en esta pose le ayudarán enormemente a reducir su estrés y los niveles de ira, y es algo a lo que debería recurrir siempre que sienta que necesita algo de calma dentro de la ira caótica en su vida.

Técnica de relajación #3 – Meditación

La meditación es una experiencia que verdaderamente cambia la vida, que en el caso de aprender a gestionar su ira es algo que va a necesitar. Esta práctica ha sobrevivido durante miles de años por una razón muy simple: es *eficaz*. La meditación le enseña a ser consciente de todo lo que está pasando a su alrededor, a estar presente y en sintonía con lo que está pasando en ese momento. Igual que con las otras técnicas de relajación mencionadas arriba, le proporciona algo en lo que concentrarse en vez de su ira. Le ayuda a concentrarse en el aquí y ahora, y no en lo que pasó antes o lo que pueda pasar en el futuro próximo.

Aprender a meditar para liberar estrés es una de las mejores cosas que puede hacer por usted a la hora de aprender a gestionar su ira y calmarse. Si es un principiante en este proceso, opte por una meditación guiada para ayudarle en su transición a la práctica. La meditación guiada es una práctica que todo el mundo, sin importar su edad, puede adaptar y lo encontrará extremadamente útil si es un primerizo, ya que los pies de la guía le ayudarán durante el proceso.

Se lo debe a sí mismo utilizar unos minutos al día, cada día, para empezar a cuidar su mente, cuerpo y alma. Ha gastado tanta energía suya en la ira que no le ha traído nada de beneficio a su vida. Es hora de que empiece a cuidar de su cuerpo mientras aprende técnicas eficaces para gestionar su ira en el proceso. La meditación ha demostrado constantemente ser una de las mejores herramientas hoy en día para ayudarle a dominar el estrés y la ira, y como es tan eficaz, esta es una técnica que debe mantener a mano.

Aprender a perdonar

Perdonar a alguien que le hirió nunca es un proceso sencillo. De hecho, para aquellos con problemas de ira severos, que son capaces de guardar rencor durante años, esto es como pedirles hacer lo imposible. Es mucho más fácil guardar rencor que perdonar. Por eso es por lo que llaman al perdón el acto de *poner la otra mejilla*. Es necesaria una gran fuerza interior para perdonar de todo corazón sin esperar nada a cambio.

Enfadarse es sencillo. Con un solo chasquido de dedos, puede enfadarse inmediatamente. ¿Pero el perdón? Eso va a suponer mucho más trabajo. Es un conocimiento que tiene que aprender, similar a montar en bicicleta, aprender a leer y escribir, tocar el piano o jugar a algún deporte. Es una destreza que todo el mundo tiene que aprender porque raramente la gente nace con esta habilidad de perdonar tan rápido como se enfadan.

Una forma de aprender a perdonar es cuando estaba creciendo. Usted fue testigo de miembros de su familia perdonando a otros o sus padres demostrando actos de perdón. Si experimentó esto creciendo, el perdón puede ser una tarea más sencilla para usted.

Perdonar es algo que va a llevar tiempo. No va a pasar de la noche a la mañana. Esa es una cosa que tiene que tener clara desde el principio. Como todo lo demás, es un camino y el tiempo que tarde en llegar a su destino dependerá por completo de su personalidad y cómo de rápido aprenda a adaptarse. Cuanto más tiempo sea rencoroso o se aferre a su ira, más largo será su viaje.

Esta parte del proceso también requerirá que tenga apoyos de su parte. Porque puede ser muy difícil y es un proceso que requiere gran fuerza y coraje, e incluso madurez por su parte, cuanto más apoyo tenga a su alrededor, más probabilidades tendrá de tener éxito. ¿Ya tiene una figura modélica que es un modelo del perdón? Recurra a ellos para inspiración. Aprenda tanto como pueda de ellos, la forma en la que perdonan, y qué hacen para superar su ira. Dígale a su familia y amigos lo que está intentando hacer y déjeles saber que les agradecería su apoyo en el camino.

Perdonar es algo que nadie le puede obligar a hacer. Es una elección que solo usted puede hacer. Cuando decida perdonar, debe hacerlo sin esperar algo a cambio. Hágalo por tener su conciencia tranquila, no porque se sienta forzado a hacerlo. Todo lo relacionado con este proceso de gestión de la ira trata de ayudarle a recuperar su felicidad una vez más y no dejar que la ira le robe más júbilo o energía de lo que ya le ha robado, además de aprender a perdonar a otros. Hágalo porque va a mejorar las cosas para usted y solo para usted.

También va a ser un proceso que le exige algunos sacrificios por su parte. Lo que estaría sacrificando sería:

- Su orgullo

- Su creencia de que las cosas siempre deberían ser justas para usted

- Su creencia de que es la víctima en la situación

- Su idea de que está usando su ira como un escudo para protegerse de incluso más dolor

- Pensar que la otra persona le debe una disculpa incluso antes de que considere perdonarle

- Renunciar a la venganza

- Pensar que tiene el derecho de que la otra persona le debe algo después de haberle causado dolor e ira

- Creer que perdonar es una señal de debilidad por su parte

La gente comete errores. Esa es la naturaleza humana. Herimos los sentimientos de otras personas lo intentemos o no. Incluso usted es culpable de haber herido a otra persona, y si fueron capaces de perdonarle, usted puede hacer lo mismo. Es su orgullo y su ego lo que están obstaculizando actualmente el hecho de ser capaz de perdonar a alguien. Sin embargo, hágase una pregunta: ¿merece realmente la pena aferrarse a su ira? ¿A quién está hiriendo al final?

Los tipos de apoyo que puede buscar para que aprenda a ser más misericordioso, incluyen los siguientes:

- **Apoyo familiar** – La familia es el mejor sitio donde empezar. Nadie estará a su lado en los buenos y los malos momentos de la forma en la que la familia está ahí. Pueden ser sus pilares de fuerza y proporcionarle con el apoyo emocional que necesita cuando le está siendo difícil perdonar.

- **Conseguir la información suficiente** – Cuando tiene toda la información que necesita, puede ser de gran ayuda durante el proceso de perdonar. A lo mejor está enfadado con un amigo sobre una discusión que tuvieron, pero usted no se da cuenta de que antes de la discusión, ese amigo acababa de pasar por algo estresante o algo que le entristeció mucho.

Saber esta información hace más sencillo perdonar si puede empatizar con ellos.

• **Observaciones de apoyo sincero** – Necesita a gente a su lado que esté dispuesta a darle su opinión sincera incluso aunque arriesguen enfadarle. Esto le servirá como una buena prueba para comprobar qué tal está manejando su ira cuando recibe críticas honestas y constructivas sin sentirse a la defensiva o enfadándose inmediatamente. Las observaciones sinceras le darán una buena idea de su progreso, los avances que ha conseguido y qué más necesita hacer para mejorar.

Otros métodos que puede usar para ayudarle a manejar su ira

Usted siempre puede elegir a la hora de la ira. Es fácil olvidarlo cuando está tan consumido por esa emoción, pero lo hace. Usted elige si reacciona o contesta. Usted elige cuánto tiempo se aferra a su ira. Usted elige cuánta de esa furia afecta a su vida.

Algunas preguntas sobre las que reflexionar incluyen:

• ¿Quiere ser esta persona enfadada, emocional e incontrolable durante el resto de su vida?

• ¿Quiere que sus emociones siempre gobiernen su día a día?

• ¿Quiere seguir malgastando su vida constantemente disculpándose por sus acciones y falta de juicio?

• ¿Quiere pasarse el resto de su vida intentando arreglar las relaciones que dañó por la ira?

• ¿Quiere que le juzguen los demás? ¿Que le vean como alguien del que *mantenerse alejado* debido a su mal genio?

Claramente, la respuesta va a ser no, que es la razón por la que usted ha decidido leer este libro y descubrir lo que puede hacer para gestionar su ira en primer lugar. Está listo para dar los primeros pasos hacia un cambio positivo, ¡y eso está genial!

Es hora de romper con sus hábitos de furia de toda la vida, así que no se desaliente si encuentra esta parte del proceso difícil. Ha pasado su vida entera hasta este momento conociendo solo una forma de lidiar y responder a la ira. El cambio va a conllevar algunos reajustes y acostumbrarse, pero puede hacerse. Ahora que conoce las técnicas de relajación más efectivas y que aprender a perdonar es parte del proceso, aquí hay algunas otras cosas que le pueden ayudar a gestionar su ira.

- **Evite otra gente enfadada** – Esta es obvia. Funciona de la misma forma que alejarse de gente tóxica o negativa si quiere triunfar en su vida. Si quiere aprender a convertirse en una persona mejor y menos furiosa, necesita alejarse de otra gente colérica. Aunque sean sus amigos, esto es algo que debe hacer. Si no mantiene la distancia, podrían retrasarle en sus esfuerzos para controlar su ira. Por mucho que queramos pensar que somos fuertes, los patrones de comportamiento negativo tienen una forma de contagiarnos a pesar de nuestros mejores esfuerzos. Tiene que hacerse un favor y mantenerse alejado de otra gente furiosa.

- **Practique la paciencia** – Esta puede ser compleja, ya que mucha gente furiosa tiende a ser impaciente e impulsiva. Va a tener que luchar contra todos sus instintos naturales y aprender a emplear su paciencia. No va a ser fácil al principio, pero puede hacerse. Recuerde que esta situación en la que está no va a durar para siempre. No va a quedarse y enfurecerle. Se pasará, y todo lo que tendrá que hacer por su parte es tener paciencia y esperar a que se desvanezca. La paciencia no es un concepto diseñado para complicarle las cosas. La paciencia es una virtud. Merece la pena ser paciente, especialmente cuando está enfadado, ya que le puede salvar de muchas situaciones de las que puede arrepentirse luego.

- **Cállese** – Cuando está en una confrontación agitada, cuanto más diga, peor se vuelve la situación. Una vez algo se ha dicho, nunca se puede deshacer y, en algunos casos, ninguna cantidad de disculpas jamás serán suficientes para remediarlo. ¿Por qué no intentar el enfoque opuesto y elegir simplemente callarse? Lógicamente, va a suponer mucha fuerza de voluntad por su parte, pero es mucho, mucho mejor que cavar una tumba cada vez más profunda por satisfacer su necesidad de decir algo. Vaya a una esquina tranquila o espacio en el que pueda estar solo hasta que se haya calmado lo suficiente como para volver a la situación de nuevo. A la larga le ahorrará comportamientos lamentables.

• **Encuentre algo que le haga reír** – La risa realmente es el mejor remedio para prácticamente toda situación. Siempre que necesite calmarse y gestionar su ira, haga algo o encuentre algo que le haga reír. Escuche una historia graciosa, lea un chiste, vea algo que le haga reír a carcajadas y relaje el ambiente. Nada cura la ira más rápido que una buena carcajada.

Capítulo 6: Tiene que haber otra forma – Cómo solucionar problemas sin ira

Si piensa que debe haber otra forma de resolver los problemas sin tener que recurrir a la ira, está en lo cierto. La hay. Sin embargo, primero le va a requerir que cambie su mentalidad y la forma en la que ha estado viendo el mundo todo este tiempo.

La gente furiosa tiende a tener una visión del mundo negativa, pesimista y estrecha de miras. No pueden ver lo bueno que está frente a sus narices debido a cómo funciona su mentalidad actualmente. Lo que necesita hacer ahora para iniciar el cambio es *cambiar la forma en la que piensa*. ¿Es posible cambiar nuestra mentalidad?

Lo es, y más importante, es necesario si quiere ver una cambio real en su vida. Especialmente si espera aprender a controlar sus problemas de ira. Con nuestras mentalidades nos referimos a las creencias que tenemos sobre nosotros mismos y las cualidades que poseemos. Algunas personas pueden controlar su ira mejor que otras ya que han *cultivado* su mentalidad para volverse así. Las personas son individuos únicos y no hay dos personas que vayan a pensar, comportarse o actuar de la misma manera. La diferencia de su origen, experiencias vitales, creencias, y situaciones todas contribuyen al tipo de mentalidad que tienen ahora mismo. Si todo a lo que ha sido expuesto es a mentalidades negativas, entonces esto es solo lo que va a conocer. Esto contribuye a la razón por la que es una persona furiosa.

Aquellos que han aprendido a controlar su ira no lo consiguieron por que son individuos menos enfadados. La ira es una emoción que todos experimentamos, incluso los niños. La diferencia está en cómo cada uno elegimos responder a la ira que vivimos. Steve Maraboli, autor de *The Power of One*, dijo que cada día es un nuevo día y depende de usted cómo lo moldea. Esta declaración señala concisamente la diferencia que una mentalidad apropiada puede suponer. No importa lo que esté pasando o las situaciones a las que pueda enfrentarse, es la forma en la que percibe esas cosas lo que marca la diferencia. Si constantemente percibe todo como situaciones que solo van a agravar su ira, entonces en algún momento se convertirá en realidad. Si cree que es posible no dejar que su ira saque lo peor de usted, que es totalmente posible resolver problemas sin necesidad de la ira, entonces eso se convertirá en su realidad.

Nuestros pensamientos pueden herirnos más de lo que sabemos. El problema con una mentalidad negativa e iracunda es que actúa como un ancla que le hunde, y aunque puede que sea difícil de superar, no es imposible. Para empezar a trabajar en mejorar su mentalidad, para que pueda aprender a controlar su ira mejor, aquí tiene lo que debe hacer:

- **Crea en usted mismo** – Si no cree que es capaz de cambiar, ¿quién más lo hará? Nunca llegará a conseguir realmente el nivel de mentalidad positiva que espera si sigue teniendo esos pensamientos agobiantes rumiando en su cabeza que le hacen dudar si puede conseguirlo. Nunca será capaz de convertirse en el verdadero amo de su genio si no cree primero que *usted puede hacerlo*. Al creer que lo conseguirá, ya se ha colocado usted un paso más cerca de convertirlo en realidad.

• **Sea alguien flexible** – Siempre que se enfade, puede sentir un fuerte deseo abrumador de querer controlar la situación en su beneficio. No está pensando en la otra persona, ya que cuando está enfadado, todo gira a su alrededor. Por desgracia, la realidad es que no siempre puede tener el control por completo y cuanto antes lo acepte, será capaz de forjar más rápido una mentalidad mejor, más sana y, más importante, positiva. Es hora de aprender a ser flexible y dejar las cosas estar, de entender que, aunque puede que haya algunas cosas más allá de nuestro control, una cosa sobre la que sí tiene el control es cómo *no responder cuando está enfadado.*

• **Mantenga únicamente a gente positivo en su círculo** – Aléjese de los adictos a la ira, pero mantenga cerca a los que irradian positivismo. Esta es la forma de aprender a ver cosas desde una perspectiva mejor, mejorar su mentalidad emulando a aquellos que ya lo han hecho. La gente negativa e iracunda solo serán un lastre, igual que un ancla. Peor aún, le contagiarán y harán imposible que pueda mantener su gestión de la ira bajo control. Cuando se rodea únicamente de gente con mentalidades positivas, poco a poco adaptará la forma en la que piensa para emularles mientras que su sabiduría, perspectiva, historias y afirmaciones lentamente calan en su forma de pensar.

• **Fortalezca su resistencia** – Tener una mentalidad mejor supondrá que tenga que trabajar muy duro en fortalecer su resistencia. Esto significa que tendrá que convertirse en un individuo más decidido, no dejará que los obstáculos y retos le afecten mental y emocionalmente, y seguirá persistiendo, aunque las cosas se pongan difíciles. Fortalecer su resistencia hasta que sea una persona más fuerte mental y emocionalmente le ayudará a controlar su ira de una forma de la que nunca antes hubiese sido capaz.

• **Consiga un mantra** – No es diferente de tener afirmaciones positivas. Tener un mantra personal es algo que le empoderará y le recordará a ser optimista cada vez que se encuentre cara a cara con otro reto. Un mantra como "Soy la persona en control, no mi ira" o "¡No dejaré que mi ira saque lo peor de mí hoy!" es un buen comienzo. Un mantra puede ser cualquier cosa que quiera. Usted decide. Todo lo que tiene que hacer es escoger uno que le haga sentirse lo suficientemente empoderado como para cambiar su mentalidad. Repítalo una y otra vez hasta que sienta que su mentalidad se desplaza en la dirección que quiere.

• **La técnica del espejo** – Esta técnica es genial para ejercer el cambio de su mentalidad. Siempre que mire a su reflejo en el espejo cada mañana, diga algo positivo. Dígase, por ejemplo, "No soy alguien dominado por la ira". Sea sincero, crea cada palabra que dice. Diga cada palabra con convicción mientras se mira a los ojos. También puede repetir su mantra de esta manera. Continúe este hábito, y pronto se convertirá en un ejercicio natural al ritmo que su mentalidad mejora.

Usted también tiene que entender su ira

Tiene que entender su ira antes de que pueda aprender a gestionarla. ¿Cómo puede manejar algo que no entiende del todo? Razón por la que es importante analizar los sentimientos que tiene, diseccionarlos y llegar a la raíz del problema y preguntarse cómo puede responder mejor en la situación.

Aquí hay unas cuantas preguntas cruciales sobre las que tiene que empezar a pensar cuando se enfada:

• **¿Con quién estoy enfadado? De verdad** – Aunque su primer instinto sea señalar inmediatamente con el dedo a la persona que ha provocado su ira, haga una pausa y mire un poco más atentamente. ¿Realmente es así? ¿O ya arrastraba ira acumulada de la que no se había dado cuenta y esa persona simplemente dijo o hizo algo que la inició? Es fácil culpar inmediatamente a alguien que parece ser la más conveniente, pero si quiere aprender a solucionar sus problemas sin ira, necesita empezar a mirar más atentamente. Las cosas puede que no sean lo que parezcan.

• **¿Es el lugar o momento indicado para enfadarse?** – Hay un momento y un lugar para todo, incluso para gestionar sus momentos de ira. Por ejemplo, tener un episodio explosivo en medio de la oficina frente a su jefe o supervisor no es el momento o lugar adecuado. Perder la paciencia en medio del pasillo del supermercado no es el lugar ni el momento adecuado. El tema de la ira es que a veces puede surgir en el momento más inconveniente. Para aprender a empezar a solucionar problemas sin ira, siempre párese y pregúntese: "¿Es este el lugar o momento adecuado para enfadarse?". Si sabe que no es apropiado, entonces no lo haga.

• **¿Exactamente *por qué* estoy enfadado?** – Puede que haya estado enfadado por tanto tiempo que parece que es su segunda naturaleza. Ya ni sabe *por qué* está enfadado. Piense en un momento en el que estaba enfadado con un amigo o familiar, y los dos acabaron sin hablarse durante años. El problema parece que se ha disipado con el paso del tiempo. Cuando alguien pregunta qué pasó entre los dos, parece que no encuentra las palabras, ya que no puede recordar exactamente por qué estaba tan enfadado en primer lugar o incluso de qué se trataba la discusión. Eso pasa cuando deja que arrastre su ira durante tanto tiempo. Se ha olvidado de cuál era realmente el problema subyacente. Siempre hay una forma mejor de resolver sus problemas sin tener que recurrir a la ira, pero primero requiere que *entienda por qué demonios* estaba tan enfadado para empezar. Si no mereció la pena, ¿por qué hacerlo?

• **¿Merecen la pena las consecuencias?** – Por cada acción, hay una reacción igual y opuesta. Esta es la infame tercera ley de la física de Newton, y es muy aplicable a los momentos de ira. Todo lo que hace con ira tiene a continuación un precio y una consecuencia. Cada vez que siente que va a perder la paciencia, necesita parar y preguntarse si el precio que tiene que pagar por ese breve momento de satisfacción va a merecer la pena. ¿Merece la pena arruinar relaciones? ¿Merece la pena causar problemas aún mayores más adelante? ¿Merece la pena malgastar su energía? No olvide que las cosas dichas en un momento de ira nunca pueden dejar de ser dichas. Una vez ha salido de su boca, no puede retirarlo. El momento en el que dice algo hiriente, de lo que desearía poder retractarse, es el momento que puede que ya sea demasiado tarde.

Cuáles son sus opciones para resolver problemas sin ira

Siempre depende de usted escoger cómo le gustaría responder. No hay ninguna norma estricta que diga que la única respuesta aceptable a cierta situación que le incite sea la ira. La ira, de hecho, debería ser el último recurso, incluso mejor si no tiene que recurrir a la ira para nada. La cuestión es, *¿cómo quiere resolver el problema?* Tiene un número infinito de opciones dependiendo del tiempo, lugar, circunstancia y situación actual. Sin embargo, al fin y al cabo, la elección sigue siendo suya.

Algunas estrategias para tener en cuenta sobre cómo resolver problemas sin tener que recurrir a la ira son:

• **Olvídese de ejercer** – Ejercer su derecho a estar enfadado, claro está. Puede que piense que tiene derecho a ese momento de furia, ya que esa persona o situación le ha dañado, pero esa es exactamente la forma de *no* mantener su ira bajo control.

• **Aprenda a escuchar de forma activa** – Si está en una discusión con alguien, aprenda a escuchar de forma activa lo que están diciendo. Escuchar y escuchar activamente son dos cosas diferentes. La segunda le ayudará a empatizar más con la persona con la que está discutiendo y entender su punto de vista. Esto, por su parte, ayudará a minimizar las posibilidades de que la discusión se acalore hasta el punto de que ambos se arrepientan más tarde. Escuchar de forma activa significa ser consciente de todo lo que la otra persona está diciendo. Está haciendo un esfuerzo consciente de recibir y procesar activamente la información que se le ha dado a usted, y usted es capaz de conectar con lo que le están diciendo y reflexionar sobre esa información y, finalmente, ser capaz de proporcionar una respuesta constructiva y proactiva debido a esto. Al escuchar activamente, verá que cada problema puede resolverse de forma amistosa y no hay una razón real para incluir a la ira.

• **Siempre compruebe sus emociones** – Aquí es donde ser consciente de sí mismo entra de nuevo en juego. No importa en la situación en la que se encuentre, recuerde siempre parar y comprobar cómo se encuentra. ¿Cómo se siente? ¿Está bien? ¿Cómo le hace sentir ahora mismo esta persona o situación? Si se empieza a sentir estresado o irritado, ¿qué puede hacer al respecto? Cierre los ojos y respire profundamente un par de veces, acuérdese de concentrarse en el presente y desvíe su mente lejos de lo que amenaza con detonar su ira. Acuérdese de que usted *quiere resolver los problemas sin la necesidad de la ira.*

• **No necesita la última palabra** – Resista el deseo de tener la última palabra. No siempre se trata de usted. La necesidad constante de tener la razón, de siempre tener la última palabra para saciar su satisfacción y ego es exactamente cómo la ira hace que los problemas y discusiones sean mucho peores. Si quiere resolver los problemas sin tener que recurrir a la ira, aprenda a tragarse su orgullo y resistir la necesidad de contraatacar. Resista el deseo de replicar con otro argumento defensivo suyo a lo que alguien más está diciendo. Esto no hace nada para ayudar en la situación.

• **Hable de sus sentimientos** – Antes de que empiece a enfadarse, intente hablar de antemano de sus sentimientos. Si sabe que va a tener una conversación desagradable con alguien, empiece diciendo: "Sé que tenemos que hablar sobre esto y así es cómo me siento ahora mismo". Explique su posición de una manera calmada y controlada en un tono de voz neutral que no implique que está acusando o culpando a la otra persona de nada. Ser capaz de verbalizar sus sentimientos en vez de lanzarse directamente a la situación es la forma de mantener a la ira fuera de la ecuación. Al hablar de sus sentimientos de antemano, la otra persona podrá ver inmediatamente su punto de vista y cómo se siente antes de la discusión.

• **Sin juzgar, por favor** – Si se mete en una conversación con nociones en mente ya preconcebidas o incluso prejuicios, esto ya es una discusión a punto de empezar. Aunque sí, cierto es que, todos hemos sido culpables de ser críticos o prejuiciosos. Esta no es la mejor forma de abordar la conversación si esperamos resolver los problemas sin ira. Tiene que dejar sus prejuicios y críticas en la puerta donde pertenecen y no traerlos a la conversación o situación en la que pueda estar involucrado. Ser excesivamente crítico es la forma de ponerse en peligro de hacer comentarios potencialmente mordaces o sarcásticos que podrían agravar la situación y causar una disputa. Así es como aprende a resolver problemas sin necesidad de la ira.

• **No más culpa** – Es hora de dejar de echar la culpa de una vez por todas. Si siempre está buscando la oportunidad para culpar a otra persona, ansiosamente desviar la culpa, para que al final parezca que es *el bueno de la película*, ¿cómo espera resolver conflictos sin tener que recurrir a la ira? Buscar siempre la oportunidad de culpar a otra persona es una señal de poca inteligencia emocional, un individuo tóxico y difícil de tratar. No sea esta persona porque usted sabe que es capaz de ser mucho mejor que eso. Ya vale con echar la culpa a diestro y siniestro, es tiempo de dejarlo a un lado y empezar a concentrarse en resolver problemas como un individuo maduro.

• **Deshágase de la mentalidad negativa** – Una mente negativa solo será capaz de ver problemas frente a ella. Es casi como si la negatividad le cegase de alguna forma frente a las oportunidades y las otras opciones que están delante de usted. Podría haber otra docena de caminos que podría tomar para evitar la ira en esa situación, pero si siempre está insistiendo en lo negativo, no será capaz de ver ninguna de esas cosas. Lo único que sería capaz de pensar es lo injusto y malo que todo es, o lo mucho que le está enfadando esta persona ahora mismo.

Capítulo 7: Evitar y escapar – Detectar la ira antes de que impacte en su casa, el trabajo o espacios públicos

En casa. En el trabajo. En un espacio público.

Estas son las tres áreas principales donde debería esforzarse más en concentrarse en gestionar su temperamento. El hogar y el trabajo son especialmente dos áreas principales donde va a pasar el mayor tiempo cada día. Cuando no está en casa, está en el trabajo. Cuando no está en el trabajo, con frecuencia está en casa o en un espacio público. Por lo tanto, es oportuno que se esfuerce al máximo a la hora de manejar su ira en estos tres espacios.

Lo que quiere hacer ahora mismo es intentar evitar que su ira brote para nada, identificando esa emoción y haciendo algo antes de que empiece a dominarle. Usted está intentando ser la persona en control ahora mismo.

Detectar la ira antes de que impacte en su casa

Su hogar es donde se encuentra más cómodo, libre para ser usted mismo. Es su espacio seguro y su santuario. Razón por la que a veces no pensamos dos veces en intentar controlar nuestra ira cuando estamos en nuestra casa; simplemente la dejamos salir. Solo después nos damos cuenta de que, a lo mejor, no deberíamos haber hecho eso. No estamos tan controlados como lo estamos en casa con la familia, ya que asumimos que ya saben que usted es así y tiene que aceptarlo, les guste o no. Porque son familia.

Sin embargo, esta no es, para nada, la forma correcta de pensar. Solo porque sean familia, no significa que no tengan sentimientos. Pueden sentirse tan heridos por sus palabras y acciones como los extraños o los amigos. Solo porque sean familia, no significa que automáticamente tengan que soportarlo todo y no sientan ningún dolor cuando les hace daño o que pedir perdón va a hacer que todo esté bien, como si nada hubiera pasado.

La familia es la misma *razón* por la que debería intentar tan arduamente controlar y gestionar su ira. Estas son personas que quiere, gente que significa más para usted que ninguna otra en el mundo. Son personas por las que merece la pena luchar, y debería pelear con ahínco contra su ira, empezando en su casa.

Para empezar a contener la ira en su casa antes de que se salga de control, aquí tiene lo que puede empezar a hacer:

- **Siempre escoja responder amablemente** – Puede ser fácil despotricar cuando un miembro de su familia le confronta iracundo o hace algo que le exaspera hasta el punto de la cólera. Por ejemplo, los adolescentes a veces vuelven locos a sus padres con su actitud, y cuando eso pasa, ¿qué hacen los padres? Los padres automáticamente saltan a la discusión, ya que ya se sienten molestos y, si la situación continúa, ambas partes podrían acabar en una discusión acalorada con el otro. ¿Qué debería hacer en una situación como esta? Siempre escoja ser amable y empatizar. Recuerde que esta es una persona a la que quiere y enfadarse no merece el tiempo, ni la energía ni el esfuerzo. Siempre hay otras formas de resolver conflictos que no tienen que implicar discusiones todo el tiempo. Deje que el amor sea la razón por la que escoge responder amablemente.

• **Escoja ser un buen ejemplo** – Esto es especialmente importante si tiene hijos suyos en su casa. El último modelo a seguir que quiere ser es un padre furioso. ¿Quiere que sus hijos crezcan para convertirse en alguien que ataca encolerizado verbalmente todo el tiempo? ¿Alguien que la gente ve como un individuo tóxico porque no puede mantener su genio bajo control? Los niños aprenden sobretodo por el ejemplo que usted establece para ellos, y si usted es un padre que siempre sucumbe a sus deseos coléricos, despotrica, grita, vocifera, dice tacos e incluso pega a miembros de la familia por la rabia, esto será lo que estarán observando. Esto es lo que conocerán al crecer y, sin siquiera darse cuenta, estarán emulando su comportamiento. Por el bien de sus hijos, escoja ser un buen ejemplo. Predique con el ejemplo y deje que el ejemplo sea que siempre hay otra manera de resolver los conflictos, sin que tenga que acabar en una discusión colérica. Como padre, usted será la persona que establezca el ambiente en su casa. ¿Qué tipo de ambiente quiere establecer? ¿Uno de armonía y amor? ¿O uno de ira?

• **Esté abierto a la conversación** – No desprecie las preocupaciones, infelicidad u opinión de otro miembro familiar. No sea despectivo de los conflictos, ya que evitarlos solo va a hacer que las cosas empeoren mucho más. Siempre que haya un problema, necesita abordarlo antes de que se intensifique y se encone en un problema mucho mayor que puede resultar en un intercambio de gritos iracundos entre uno, dos o varios miembros de la familia. Lo que está intentando aprender es a identificar y manejar su ira en casa antes incluso de que pueda atacar, así que, si descubre una preocupación o posible conflicto en desarrollo, sugiera que las personas involucradas se sienten y tengan una conversación sobre ello con el corazón en la mano. Todos los conflictos se pueden resolver. Solo tenemos que hacer un esfuerzo por intentarlo. Siéntase y hable de lo que le enfurece. No es nada de lo que avergonzarse. Hablar de ello es mucho mejor que mostrarlo.

• **No use la ira como forma de castigo** – Si es culpable de dejar de hablar a sus familiares durante días, o incluso semanas porque está enfadado, es hora de parar. Eso no es capturar su ira, eso es ceder a la ira y escoger regodearse en ella en vez de encontrar formas constructivas de resolver esa furia. Pregúntese esto: *¿qué bien supone castigarles con mi ira salvo crear discordia e infelicidad en la familia?* La respuesta será ninguno. Nada bueno va a salir de eso. Solo va a provocar que mucha gente esté infeliz y se sienta triste. Puede que consiga un sentido de satisfacción al saber que está infligiendo este tipo de dolor emocional en otras personas porque está enfadado, pero no merece la pena. Estas son personas a las que quiere. Lo que debería hacer es tratarles con ninguna otra cosa que no sea amor o respeto.

Detectar la ira antes de que impacte en el trabajo

La ira en el trabajo puede empezar con la sutil forma de un empleado insatisfecho. *Usted* podría ser ese empleado infeliz y las pequeñas cosas que empiezan a molestarle poco a poco se van acumulando dentro. Siente que podría estar a punto de explotar.

Algunas señales que buscar para identificar si usted u otro empleado potencialmente se siente triste en el trabajo incluyen:

> • Perder el interés en el trabajo.
>
> • Volverse desagradable. Nada está bien sin importar lo que se diga.
>
> • Volverse antisocial al apenas involucrarse con los miembros del equipo u otros colegas.

- Volverse irritable cuando alguien intenta empezar una conversación.

- Parecer distraído y descentrado en las tareas del trabajo.

- Mostrar una falta de respeto por los miembros del equipo, incluso también sus superiores.

- Pedir más días de baja por enfermedad y encontrar excusas para no estar en el trabajo.

- No le interesa más dar el 100% de sus esfuerzos hacia la compañía.

- Hablar sobre su descontento.

¿Le suenan estas señales? ¿Conoce a alguien dentro de su oficina que pueda estar albergando algo de ira bajo la superficie? Puede que esté sintiendo todas estas emociones, y usted solamente está intentando reprimir toda su ira, pero cada vez es más difícil de controlar. La buena noticia es que ahora sabe reconocer estas señales para que pueda frenarse antes de que la ira explote en el trabajo. A lo mejor incluso podría ofrecerse a ayudar a ese compañero insatisfecho para que *su* temperamento no se desboque.

Para identificar la ira en el trabajo antes de que se intensifique en algo más desagradable, aquí tiene lo que necesita hacer:

- **Aprenda a aceptar la realidad** – Puede que no esté completamente feliz con la forma en la que las cosas se hacen en la empresa, pero no es su decisión hacer cambios importantes que puedan adaptarse mejor a sus necesidades. A no ser que la empresa sea suya, por supuesto. Siempre tiene la opción de dejarlo y buscar trabajo en otro sitio si estar ahí de verdad le está haciendo infeliz e irritable, pero si decide quedarse, tiene que aceptar lo bueno y lo malo del trabajo y afrontar la realidad. Si nota que su compañero de trabajo se siente así, ofrézcale charlar al respecto. Empatice con él. Dígale que entiende cómo se siente, ya que a veces usted también se siente igual. Señale que hay opciones y que depende de ellos lo que quieran hacer. Si usted o su colega deciden quedarse, entonces tiene que aprender a aceptar la realidad de que las cosas son como son. Puede que cambien, o puede que no, pero no tiene sentido enfadarse y ponerse nerviosos al respecto.

• **No se lo tome como algo personal** – Los problemas de la empresa no son sobre usted. Puede que no le guste la política de la empresa, pero no es sobre usted. Puede que no le guste cómo se hacen algunas cosas, pero, de nuevo, no es sobre usted. Cuanto más se tome las cosas personalmente, como si hubiera una venganza personal contra usted, más infeliz será. Algunos de sus otros colegas puede que estén igual de infelices por una regla o con la forma en la que se hacen las cosas, pero no se lo toman como algo personal ni internalizan toda la frustración hasta que se convierte en ira. Tampoco debería usted. No se trata de usted, solo son negocios. Recuerde que, si no le gusta, siempre tiene la opción de buscar empleo en otro sitio.

•**Dé un paso atrás** – ¿Cree que trabaja demasiado y no le están recompensando sus esfuerzos de forma adecuada? ¿La falta de reconocimiento empieza a molestarle? Entonces dé un paso atrás y cálmese un poco en vez de alterarse por ello. No merece la pena que malgaste toda su energía enfadándose por cuestiones sencillas de resolver como estas. Si su empresa no le está exigiendo que trabaje horas extra, por ejemplo, pero usted lo hace igualmente esperando recibir un aumento de sueldo sustancial más tarde, eso fue decisión suya. Nadie le obligó a hacerlo, así que no se disguste ni entristezca cuando sienta que no está siendo recompensado de forma adecuada. Siempre tiene la opción de dar un paso atrás y tomárselo con calma si esto le está superando.

• **Relaciónese con compañeros de trabajo animados** – No todos los empleados van a estar tan insatisfechos e infelices con la empresa para la que trabajan. Si trabaja para una organización grande, podrá encontrar muchas personalidades diferentes uniéndose bajo el mismo techo. Busque empleados que tengan una actitud positiva, que vienen a trabajar con una sonrisa en su cara y mucha energía, siempre con ganas de empezar un nuevo día. Deje que se le contagie su optimismo para que le ayude a aliviar algo de la frustración acumulada que ha estado sintiendo. ¿Recuerda cómo en los primeros capítulos hablamos sobre tener el tipo adecuado de compañía? Esto es algo que tiene que hacer también en el trabajo. Evite a compañeros que están tan tristes y miserables como usted, ya que estar juntos solo servirá para avivar sus sentimientos de insatisfacción. Lo que está intentando hacer es pararlo antes de que su ira saque lo peor de usted en el trabajo, así que tiene que hacer completamente lo opuesto y pasar tiempo con colegas que puedan animarle.

• **Busque lo bueno de su empleo** – Debe haber al menos una cosa de su trabajo que se le da bien. O algo que le hace lo suficientemente feliz. ¿Son las horas de trabajo flexibles? ¿Un buen superior con el que puede hablar y que le entiende? ¿A lo mejor ese compañero del cubículo de al lado que siempre le hace reír? ¿Es bueno en varios aspectos de su trabajo que le proporcionan una sensación de realización cuando las hace? Concéntrese en las cosas buenas que anhela en vez de concentrarse en todas las cosas que le están volviendo irritable y cascarrabias en el trabajo. Haga de los aspectos positivos su foco principal. Cada vez que sienta que se está enfadando o se sienta infeliz en el trabajo, piense sobre las buenas cosas de su empleo que puede tener ganas de hacer cada día. Piense de esta forma también: si su empleo de verdad fuera tan terrible, ¿por qué está trabajando todavía en vez de buscar oportunidades en otro sitio?

Detectar la ira antes de que impacte en espacios públicos

Cuando estamos en público, en general, nos comportamos de la mejor forma posible, ya que somos conscientes de que hay más gente a nuestro alrededor. Sin embargo, a veces puede brotar un momento de ira, y se olvida por completo de que está en un lugar público y deja a su ira libre. Le pasa hasta a las mejores personas. Pero la esperanza es lo último que se pierde. Todavía hay estrategias y herramientas que puede usar para ayudarle a identificar su ira antes de que impacte en un espacio público.

• **Sea más tolerante** – Usted está de un lado para otro en este mundo, y tiene que compartirlo con millones de personas. A diferencia de su casa, este no es un espacio donde pueda hacer las cosas a su manera. O espere que las cosas se hagan a su manera. No se trata de usted a la hora de los espacios públicos; se trata de todos. Si elige ser intolerante y deja que las cosas le afecten, le va a resultar muy difícil mantener la cabeza fría en público. Tiene que convertirse en una persona más tolerante aceptando que no tiene derecho a nada, y que la gente no está aquí para adaptarse a sus necesidades. Igual que todos los demás son tolerantes sobre lo que usted hace en público, usted tiene que mostrar el mismo respeto. Si no le gusta algo, siempre tiene la opción de marcharse y alejarse de la situación.

• **De nuevo, no se lo tome como algo personal** – Igual que en el trabajo, no se lo tome como algo personal. Otra gente simplemente va a lo suyo en público, igual que usted. No está ahí con la intención de irritarle o molestarle a propósito. Si observa a alguien haciendo o diciendo algo que empieza a enfadarle, sáquese de esa situación. Puede elegir. No tiene que tomárselo como algo personal, ya que esta persona es una extraña total. ¿Por qué iban a hacer a propósito algo que le molestara?

• **Sea educado y cortés** – Hoy en día se usan improperios demasiado frecuentemente. Se ha vuelto una reacción instintiva para muchos de nosotros el soltar tacos cuando las cosas no están saliendo como queríamos. Sin embargo, usar groserías en un espacio público a veces podría derivar en decir algo en el momento y lugar equivocados. Esto entonces podría, potencialmente, derivar en una discusión, porque alguien dijo algo que enfadó a otra persona, que se lo tomó como algo personal o no lo entendió bien. Hay tantas cosas que podrían salir mal en una situación como esta, así que, si quiere hacer todo lo posible por contener su ira y gestionarla dentro de un lugar público, puede empezar por hacer la cosa sencilla: sea educado y cortés todo el tiempo cuando está fuera en público.

• **Confórmese con estar molesto y aléjese** – No tiene que permitirse llegar a un punto de cólera incontrolable cuando está en público. A veces, ciertas circunstancias no se pueden evitar y, de alguna forma, a pesar de sus mejores esfuerzos, se encuentra en una situación que le está causando (o va a causar) una gran cantidad de ira. ¿Por qué no conciliar? Si quiere gestionar su ira mejor, aprenda a conformarse con solo estar molesto o irritado y después alejarse inmediatamente o escapar de esa situación. No se quede hasta que su irritación aumente hasta algo más. Estar molesto es algo mucho más fácil de superar que la cólera. La próxima vez que se encuentre en una situación que está incitando su furia, intente poner las cosas en perspectiva. Moléstese, pero establezca ahí el límite. No hay razón por la que llevarlo un paso más. No es el fin del mundo. Una vez más, no se lo tome como algo personal. Confórmese con estar molesto y aléjese.

Capítulo 8: Tres demonios –La relación entre la ira, el estrés y la ansiedad

Ira, estrés y ansiedad. Posiblemente la peor trifecta que pudiera tener. Las tres son similares y las emociones se vuelven intercambiables de forma que a veces es difícil saber dónde acaba una y empieza otra. La ira puede ser detonada por el estrés, el estrés puede ser provocado por la ansiedad y la ansiedad puede dar paso a la ira, que desemboca en todavía más estrés. Demasiado estrés en su vida también podría causar ansiedad y problemas de ira.

En este capítulo, exploraremos el estrés y la ansiedad con más detalle y el vínculo entre estas dos emociones y cómo pueden contribuir a sus problemas de ira.

Distinguir el estrés del resto

Mientras que el mundo continúa progresando a un paso más y más deprisa, también lo hacen nuestros niveles de estrés debido a nuestros estilos de vida incesantes, frenéticos y en movimiento. El estrés se ha convertido en una parte normal de nuestro día a día. Los primeros humanos también sentían estrés, pero no de la misma forma en que lo sentimos hoy. Su versión del estrés era lo que activaba su respuesta de lucha o huida cuando tenían que sobrevivir en la naturaleza. Les ayudaba a sobrevivir y seguir con vida. Les ayudaba a cazar, responder rápidamente cuando el peligro estaba presente, y es una gran razón por la que la raza humana sigue teniendo éxito hoy.

Cuando piensa en la palabra estrés, ¿qué imagen le viene a la mente? O ¿qué asocia con el término estrés? ¿Algo malo para usted? ¿Algo que causa caos en su vida y su salud? ¿Algo que le provoca constantes dolores de cabeza? El estrés tiene desde luego una mala reputación debido a las connotaciones negativas asociadas con él.

Por mucho que nos gustaría, es casi imposible sentirse despreocupado y tranquilo todo el tiempo. Puede intentarlo lo mejor posible para permanecer positivo y optimista cada día, pero habrá una ocasión, o varias, donde puede que sienta al estrés llamando a su puerta. ¡Si las cosas pudiesen ir siempre como la seda! Ahí es donde el estrés entra en juego. Hay dos tipo de estrés, y normalmente lidiamos con uno bueno y uno malo.

El estrés bueno puede ser beneficioso y puede motivarle a rendir mejor de lo que normalmente podría. El estrés malo es el asociado con la ansiedad, posiblemente causando depresión si se experimenta a un nivel crónico y otra multitud de problemas relacionados con la salud. El estrés malo es el que contribuye e incluso provoca su ira.

Lo que le pasa a su cuerpo cuando normalmente se siente estresado:

- Dilatación de pupilas

- Aumento de la presión arterial

- Aumento del ritmo cardíaco

- Aceleración de la respiración

- Los músculos se sienten tensos y duros, especialmente alrededor de los hombros

- La adrenalina empieza a bombear por su cuerpo, razón por la que a menudo siente un subidón repentino

- Empieza a sudar en abundancia, especialmente en las palmas

- Aumento de los niveles de cortisol

Le pueden pasar muchas cosas a su cuerpo cuando se siente estresado. Con razón es una emoción tan agotadora, igual que la ira. Como con su cólera, el estrés puede estar causado por varios factores, y le ayudaría empezar a identificar la causa de su estrés.

Algunos ejemplos de detonantes de estrés pueden incluir situaciones, circunstancias, determinadas personas, eventos, fechas límite, tráfico, una situación emocional, relaciones, desamor, muerte, empezar una nueva fase en la vida, cambios bruscos y más. Hay una gran variedad de factores que pueden provocar estrés y difieren de un individuo a otro. Lo que provoca estrés en una persona puede que no lo haga en otra.

El estrés puede categorizarse en dos tipos. Una es detonantes de estrés graves, y la otra es detonantes de estrés menores. Algunos ejemplos de detonantes de estrés graves incluyen los siguientes:

- Contraer una enfermedad crónica

- Ser despedido de su trabajo

- Que su jefe le grite

- Temas económicos

- Tener que pagar facturas muy altas cada mes

- Sufrir una muerte

- Pasar por un cambio vital importante

Algunos ejemplos de detonantes de estrés menores incluyen:

- Cuando se apresura para cumplir una fecha límite

• Cuando corre para encontrarse con un amigo o una cita, temiendo que llegará tarde

• Ser interrumpido cuando está haciendo algo

• Tráfico lento y hora punta

• Cuando alguien se ha llevado una de sus cosas sin permiso y la usa

• Cuidar de un familiar enfermo

• Correr de una tarea a la otra

• Extraviar algo importante

• Cuando alguien llega tarde a una cita que usted organizó

• Conocer clientes difíciles

Cada persona tiene una tolerancia diferente al estrés. Algunas personas pueden manejar bien grandes cantidades de estrés y todavía mantener una cabeza fría sobre sus hombros. Otros, que no lidian con el estrés tan bien, acaban tensos, frustrados y (lo ha adivinado), enfadados. Mientras que el estrés malo en dosis pequeñas todavía es manejable, hay ciertos tipos de estrés que rozan lo tóxico. El estrés tóxico es del que quiere mantenerse alejado, ya que no le ayuda en nada a la hora de gestionar sus problemas de ira.

Los tipos de estrés tóxico incluyen los siguientes:

• *El tipo de estrés que se acumula*

Este tipo de estrés tiende a acumularse a lo largo del tiempo (igual que su ira). Cuando las cosas se amontonan una encima de otra, su estrés tiende a crecer como una bola de nieve, hasta que, un día, explota, ya sea en forma de ira o de ansiedad. Esto pasa normalmente cuando llega a un punto en el que ya no puede más, y todo parece estar yéndose fuera de control.

- *El tipo de estrés que es crónico*

Este tipo de estrés parece que siempre le ronda y nunca se va del todo. Puede ser muy tóxico porque significa que se encuentra en un estado constante de infelicidad, se siente nervioso o ansioso, y siempre salta como si estuviera esperando a la siguiente cosa que va a ir mal en su vida. También se puede manifestar como furia crónica, ya que se vuelve irritable y le resulta difícil concentrarse en cualquier tarea que se supone debería estar haciendo.

¿Esto es ansiedad o soy una persona estresada?

A veces puede ser difícil distinguir la ansiedad del estrés, especialmente si en primer lugar no sabe seguro que puede estar lidiando con ansiedad. Hágase estas preguntas por un momento:

- ¿Se siente constantemente tenso y de los nervios todo el tiempo?

- ¿Sus preocupaciones le asustan tanto que no puede dejar de pensar en otra cosa?

- ¿Están las cosas que le preocupan empezando a impedir que pueda realizar con normalidad su rutina diaria porque está demasiado alterado por estas?

- ¿Parece que esos pensamientos molestos nunca van a dejarle en paz?

Si sus preocupaciones son algo más que simplemente temporales, a veces rayando el miedo, y le molestan más a menudo de lo que deberían, puede que esté lidiando con algo más que estrés. Podría tratarse de ansiedad.

La ansiedad es una combinación de varios factores diferentes que contribuyen a esta emoción. Es una respuesta natural del cuerpo humano frente al estrés. Según la Asociación Americana de Psicología (APA), la ansiedad es una emoción que se caracteriza por sentimientos que incluyen pensamientos de preocupación, tensión e, incluso, cambios físicos en el cuerpo, como un aumento en la presión arterial. Es difícil precisar exactamente cuáles son las causas de la ansiedad porque hay muchos factores que pueden contribuir a que una persona sienta ansiedad. Es único a cada persona, lo que están viviendo, y lo que puede que hayan experimentado en el pasado.

Posibles causas de ansiedad

Mientras que es difícil determinar seguro qué puede causar que alguien sufra ansiedad, hay varios ejemplos que podemos revisar en situaciones factibles donde la ira de una persona puede ser provocada. Estas situaciones incluyen:

•**Teme el rechazo** – Si es alguien que sufre de baja autoestima, tener miedo al rechazo es algo que puede causar, potencialmente, que se sienta ansioso. Esto es debido a que usted ya tiene una opinión pobre de usted mismo. Esta baja autoestima es lo que va a cebar su ansiedad a ser rechazado por las personas a su alrededor. Lo único en lo que puede pensar son sus defectos y no puede entender por qué otras personas quieren estar con usted en primer lugar. Así que termina preocupándose y posiblemente obsesionándose cada instante con que una día acabará completamente solo con nadie a quien recurrir, especialmente debido a sus problemas de ansiedad.

• **Teme estar solo** – Relacionado con el punto anterior, el miedo a estar solo es también una posible causa de ansiedad. Nunca nadie quiere realmente estar solo. Algunas personas disfrutan de la soledad ocasional, pero estar completa y absolutamente solo en este mundo no es algo que alguien quiera. Los seres humanos somos criaturas sociales, y anhelamos intimidad y una conexión con otros seres humanos. Incluso los introvertidos. Al lidiar con la ansiedad, contantemente se preocupa de estar solo. Le preocupa que su ansiedad haga que las personas se marchen y no sean capaces de amarle por lo que es, ya que usted ha olvidado su propia autoestima. Se preocupa todo el tiempo, uno de sus mayores miedos es que la gente que le quiere perderá la fe en usted porque su ansiedad les supera.

• **Teme el cambio en su vida** – Algunas personas se adaptan y ajustan bien a los cambios que experimentan en su vida. Otros, no tanto. Cuando ocurren cambios importantes, es normal sentirse preocupado sobre cómo va a ir todo, si las cosas van a acabar bien. Si está lidiando con la ansiedad, esto puede ser un detonante ya que la ansiedad causa que se resista al cambio. Está asustado de lo que va a pasar cuando las cosas cambien, y se preocupa de si va a ser capaz de superarlo. ¿Y si tiene un ataque de nervios? ¿Qué va a pasar si odia el nuevo cambio que está ocurriendo en su vida? La ansiedad puede dificultar a aquellos que la sufren a ser receptivos al cambio, y puede que les lleve más tiempo de lo normal adaptarse y ajustarse a las nuevas situaciones o entornos a los que se tienen que enfrentar.

¿Cómo gestiono mi ansiedad?

A nadie le gusta tener pensamientos de ansiedad que interrumpen nuestra rutina diaria. Es difícil ser productivo cuando todo en lo que puede pensar es sus preocupaciones y todo lo que puede ir mal. Es incluso peor cuando acaban tan mal que le causa inmensas cantidades de estrés, que entonces desemboca en ira porque siente que la presión le supera. Puede que vivir con ansiedad no sea fácil, pero al menos hay algo que puede hacer al respecto.

Las siguientes estrategias le ayudarán a gestionar y mantener su ansiedad a raya, para que puedan aprender a manejar su estrés e ira mucho mejor.

• **Cuestiónese a sí mismo** – O más bien, sus pensamientos cuando aparecen y amenazan con provocar su ira y estresarle. Siempre que empiece a tener pensamientos ansiosos, pare y pregúntese ¿por qué está pasando esto? ¿Cuál es la raíz de esa preocupación y es justificable preocuparme tanto por ella? Busque sus detonantes e identifique qué le está haciendo sentirse de esta manera. Pregúntese si se está preocupando por nada. ¿O tiene pruebas tangibles que lo demuestran? Tómese un momento para cuestionar su preocupación y averigüe si esto es algo por lo que debería angustiarse o no.

• **Identifique sus detonantes** – Igual que con las otras dos emociones, necesita aplicar ese mismo proceso aquí. Cada uno tiene detonantes de ansiedad diferentes, y es importante aprender cuáles son los suyos. ¿Qué está causando que se sienta ansioso ahora mismo? ¿Es algo con lo que está lidiando en el trabajo o en su vida personal? ¿Qué pasa con sus relaciones? ¿Está pasando por algo estresante en este momento que le causa pensamientos de ansiedad? Identificar sus detonantes supondrá una mejor oportunidad de controlar su ansiedad, ya que usted sabrá lo que esperar y será capaz de tomar las medidas preventivas necesarias para prepararse para ello.

• **Asegúrese de que duerme lo suficiente** – A veces se subestima lo importante que es descansar por la noche. Es una herramienta tan simple, pero efectiva, que, desafortunadamente, la mayoría de la gente no la utiliza lo suficiente. Estar ansioso todo el tiempo puede causar que se sienta agotado y fatigado, dos emociones que le impiden funcionar o vivir su día con todo su potencial. Cuando está en este estado, es incapaz de concentrarse o pensar con la claridad que debiera. Las situaciones y circunstancias que son manejables, de pronto, de alguna forma, parecen tareas imposibles de superar. Empiece a formar el hábito de siempre descansar cada noche con el número de horas recomendadas, para que siempre se sienta como se sentiría su mejor versión. Le ayudará a mantener el estrés y la ira bajo control también.

- **Escriba un diario de pensamientos** – Antes de que lo descarte y diga que tener un diario o escribir no es para usted, considere primero los beneficios. A menudo, nuestros pensamientos ansiosos y preocupaciones pueden parecer más grandes y peores de lo que deberían cuando están reprimidos dentro de su mente sin ninguna válvula de escape. Así es como desemboca en estrés e ira desenfrenada porque no estamos superando y lidiando con ello apropiadamente de la forma en la que deberíamos. Esta es la razón por la que escribir un diario de pensamientos va a ser tan útil. Siempre que se sienta ansioso o los pensamientos de ansiedad le estén agobiando, vuélquelo todo en su diario. En vez de liberar toda esa emoción acumulada en forma de ira contra alguien, ¿no es mejor desahogarse en su diario donde nadie puede resultar herido? Su diario es para usted y solo para usted. Sea libre y desnude su corazón y alma. Nadie va a juzgarle por ello. Nadie verá sus pensamientos más profundos. Es un espacio privado para usted y solo usted para procesar y trabajar en todo lo que está sintiendo.

- **Apóyese en aquellos en los que confía** – No tenga miedo de pedir ayuda cuando algo parezca demasiado abrumador. Pasar por un reto siempre parece más manejable cuando tiene a alguien en el que puede confiar que le ayudará a superarlo. Marca completamente la diferencia cuando está lidiando con ello solo y cuando tiene el sistema de apoyo apropiado. Esto podría ser todo lo necesario para marcar la diferencia entre gestionar su ansiedad, estrés e ira con éxito, y fracasar en ello. Encuentre un círculo de personas, amigos o familiares, en los que confía por completo que estarán ahí para usted y para apoyarse en ellos.

- **Sea paciente consigo mismo** – Si librarse de la ansiedad fuera tan sencillo… A todos nos gustaría tirar nuestras ansiedades por la ventana y deshacernos de ellas como si nada. Por desgracia, no es tan sencillo como eso. Igual que con superar y aprender a gestionar su ira, no hay una fórmula mágica, ni atajos en el proceso, ni soluciones milagrosas que funcionan de la noche a la mañana. Superar la ansiedad es un proceso que lleva tiempo, y necesita prepararse para ello para evitar frustraciones a lo largo del camino. Empiece poco a poco, marcándose pequeñas metas diarias para ayudarle a superar sus pensamientos ansiosos con el tiempo y, al final, con cada pequeño éxito, su confianza en sí mismo crecerá mientras mejora controlando su ansiedad.

Si a pesar de usar estos métodos más arriba, sigue teniendo una gran dificultad para sobrellevar y gestionar su ansiedad, debería considerar buscar un tratamiento para ayudarle a superar estas emociones. Los siguientes ejemplos son ocasiones en las debería considerar pedir una opinión médica sobre sus problemas de ansiedad:

- Cuando tiene razones para creer que una condición médica subyacente está causando su ansiedad.

- Cuando su ansiedad está causando que tenga ideas suicidas y una tendencia a la automutilación.

- Cuando siente que sus ansiedades le superan, y siguen fuera de control a pesar de sus mejores esfuerzos por manejarlas.

- Cuando funcionar y vivir cada día se convierte en algo demasiado difícil de hacer cada vez más.

- Cuando siente la necesidad de recurrir a substancias como las drogas o el alcohol para ayudarle a lidiar con la ansiedad.

Si en algún momento está sinceramente preocupado por su salud y bienestar, debería buscar consejo profesional inmediatamente. La ansiedad puede desembocar en otras enfermedades médicas si no se trata adecuadamente, y ya no estamos hablando solamente de problemas relacionados con la ira y el estrés.

Capítulo 9: Cuando no es usted – Cómo lidiar con personas iracundas

A veces es usted, y otras no. Puede que haya veces en las que *su* ira no sea el problema. No es usted, son ellos. Parece demasiado, ¿no es así? Tener que gestionar sus problemas de ira y además tener que aprender a lidiar con gente iracunda.

¿Cómo trata con gente enfadada sin arriesgarse a perder su paciencia y además resolver la situación respondiendo y reaccionando de forma apropiada para llegar a una resolución amistosa? Mediante la comunicación.

En tiempo de ira, hay una descomposición distintiva de la comunicación, especialmente cuando ambas personas involucradas en la confrontación son personas furiosas que han perdido el control de sus emociones. La comunicación es un asunto complejo en sí, ya sea en la vida diaria o en el trabajo. Cuando la está manejando enfadado, se vuelve incluso más compleja. Las malinterpretaciones pueden causar incluso más ira. Los mensajes que no se reciben con claridad provocan incluso más ira y frustración en ambas partes.

Algunas de las barreras de comunicación comunes que es probable que ocurran cuando está tratando con uno o varios individuos enfadados incluyen las siguientes:

• **Hacer suposiciones** – Esto es peligroso cuando está lidiando con individuos iracundos. Hacer suposiciones es una barrera de comunicación común, y esto ocurre con frecuencia cuando alguien decide llegar a una decisión o procedimiento sin escuchar por completo toda la información a mano. ¿Se da cuenta de lo importante que es la habilidad de escucha activa a la hora de aprender a gestionar su ira? Asumir puede llevar a complicaciones, ya que, cuando no está bien informado, corre el riesgo de cometer más errores de los que debería. Al asumir que sabe cómo está pensando o sintiendo la otra persona, o lo que significan sus acciones, corre el riesgo de hacer que la situación sea mucho peor.

• **No prestar toda su atención** – No prestar toda su atención a la persona con la que está hablando se considera una barrera de comunicación. Si usted fuera la parte enfadada que estaba intentando expresar su mensaje y notase que la otra persona no le estaba prestando toda su atención, ¿qué cree que pasaría? Probablemente se enfadaría todavía más. Cierto es que, sí, a veces, nuestra mente tiende a distraerse o desviarse cuando otra persona está hablando. Cuando la atención empieza a desviarse, puede ser fácil perderse puntos cruciales del mensaje, y cuando está tratando con una persona enfadada, es incluso más importante que nunca prestar atención a los detalles si quiere mantener la esperanza de resolver la situación de forma amistosa.

• **Usar palabrotas o jerga** – Usar palabrotas es un no rotundo a la hora de intentar disipar una situación iracunda. Incluso aunque sienta que está al borde de no ser capaz de contenerse por más tiempo, aguante un poco más y no lo haga. Asimismo, usar argot puede ser una barrera de comunicación también en una situación como esta. Puede que no todo el mundo esté familiarizado con cierta jerga y, a veces, estos términos desconocidos pueden causar confusión y complicar las cosas para la persona que está intentando entender su mensaje. En una situación de ira, no ser capaz de entender puede causar incluso más frustración, irritación e ira.

• **Decir demasiado a la vez** – Enfadada, una persona puede apresurar su mensaje, intentando sacar todo afuera. Dejando claro lo enfadados que se puedan sentir. O, en un intento de calmar a la persona, usted podría ser la persona apresurando su mensaje intentando hacerse escuchar. Una cosa que todo el mundo haría bien en recordar a la hora de la comunicación es que no todo el mundo piensa, reacciona o procesa información de la misma manera. Una persona puede ser capaz de procesar información rápido y de forma eficaz, mientras que otra puede que necesite más tiempo para digerir la misma información adecuadamente. Esto puede suponer un obstáculo cuando está intentando tratar con un individuo iracundo, ya que podría arriesgarse a molestarle incluso más. Si se frustran por no ser capaces de entender lo que está diciendo, eso solo servirá para que alimente su ira incluso más. Emitir demasiado pronto corre el riesgo de agobiar al receptor y, como resultado, puede que no sean capaces de procesar o entender por completo lo que le está intentando transmitir. Pueden darse malentendidos en este caso, que pueden desembocar, lo ha adivinado, en incluso más ira. En esta hipótesis, puede que sea mejor dejarles hablar primero antes de que hable y diga algo.

Cómo lidiar con personas iracundas

Para aprender a gestionar la ira de otra persona, sin que le contagie o amenace con descarrilar sus intentos de gestionar su ira, use las siguientes directrices para ayudarle.

• **Concéntrese en el problema actual** – Puede ser difícil perder de vista en lo que debería estar concentrándose cuando está tratando con alguien que amenaza hacerle explotar, pero es importante que esté calmado en esta situación. Concéntrese en lidiar con el problema que tiene entre manos y no la persona iracunda que está frente a usted. Es fácil sentir como que la persona enfadada está atacándole personalmente, pero si consigue llegar a la raíz del problema, se dará cuenta de que no siempre ese es el caso.

• **Mantenga la cabeza fría** – Esto puede ser algo muy difícil de hacer, ciertamente, pero *alguien* tiene que mantener la cabeza fría. Si no, la discusión podría ponerse fea. Esa es la última cosa que quiere, donde ambos terminan gritándose uno al otro, probablemente diciendo cosas de las que nunca se podrá retractar. Utilice toda su fuerza de voluntad para seguir siendo la persona que está calmada en esta situación. Recuerde que esta persona está pasando por la misma cosa que usted. Usted estuvo antes en una posición donde tuvo muchos problemas para aprender a controlar y gestionar su ira. Empatice y vea las cosas desde su punto de vista. Sea la mejor persona que le anima a mantenerse tranquilo y le recuerda que deben calmarse y resolver el problema de una manera más civilizada. No internalice su ira y la haga propia, recuerde, puede que no se trate de usted para nada. Simplemente está teniendo problemas para canalizar apropiadamente su ira de la forma adecuada.

• **Mantenga un tono educado y civilizado** – Puede ser muy fácil caer en la trampa de contestar gritando para defenderse cuando alguien le está chillando. Sin embargo, esto, por supuesto, es lo último que debería hacer. En cambio, lo que debería hacer es mantener un tono educado y civilizado durante toda la conversación, sin importar la forma en la que la otra persona actúa. Cuando está enfadado, la forma en la que dice cosas y su tono de voz pueden incitar tanta ira como las palabras que está diciendo. Cuando conserva un tono civilizado, hay muchas más probabilidades de que la otra persona se calme y empiece a bajar su tono de voz también cuando vea que usted no le está gritando como respuesta.

Puede ser muy aleccionador para la persona enfadada, y puede que le hagan parar y pensar dos veces sobre la forma en la que están actuando.

- **Siempre sea respetuoso** – Incluso si la otra persona no lo es. La forma en la que ellos se comportan no es su responsabilidad. Usted es responsable de sus acciones, y debería hacer todo lo que pueda para asegurar que no hará algo de lo que se arrepentirá más adelante. Mantenga un comportamiento respetuoso a lo largo de la conversación, y esto se reflejará en su madurez. También dirá mucho de lo lejos que ha llegado en cuestión de sus intentos de gestionar su ira. Bajo ninguna circunstancia levante los ojos al cielo durante una enfrentamiento con otro individuo iracundo, tampoco se muestre sarcástico, lance indirectas que solo le incitarán más, no señale con el dedo, sermonee, critique ni diga groserías.

- **Pida un tiempo muerto si lo necesita** – Tiene todo el derecho a pedir uno si siente que la situación lo requiere. Aléjese y vuelva a la conversación más tarde cuando tenga la cabeza más fría y la otra persona haya tenido tiempo de calmarse. Esto es especialmente importante si le está resultando más difícil controlar sus niveles de ira en ese momento, y en vez de arriesgar a que pierda la paciencia, pida un tiempo muerto. Diga lo que piensa y hable con la persona para que sepa que piensa que sería mejor discutir ese asunto en un momento más apropiado. Si no están de acuerdo, sea firme y solicite que respeten su decisión.

- **Clarifique y confirme** – La gente enfadada quiere ser escuchada y comprendida. Quiere que los demás sepan por qué se sienten de esa forma, qué les está amargando y por qué están tan frustrados. Para ayudar a suavizar la situación y llegar a un acuerdo o solución amistosa, pase un tiempo clarificando y asegurándose de que entendió lo que estaban intentando decirle. Además, cerciórese de que ellos entendieron lo que *usted* está intentando decir. Para ayudarle a determinar si su mensaje es lo suficientemente claro, pregúntese si el objetivo de su mensaje es claro y si está transmitiendo toda la información importante. Hágales saber que oye lo que están diciendo y que está haciendo todo lo que puede para intentar ayudarles a resolver su problema.

• **Use las palabras adecuadas** – Esto es igual de importante que vigilar el tono de su voz. A veces lo único que se necesita para que una mala situación empeore es que una persona diga una única cosa inadecuada. La selección de palabras es importante para determinar cómo de eficaces se transmiten sus mensajes. Las palabras son la fuente para facilitar una comunicación eficaz, y el uso de palabras negligentes o inapropiadas son normalmente la razón de la ira mal enfocada. En un intento de manejar eficazmente individuos difíciles, piense en usar los tipos de palabras idóneas cuando está en una conversación con ellos. Opte por palabras familiares y comunes, palabras individuales que transmiten de forma más concisa en vez de varias palabras. Use palabras cortas cuando sea posible. Hable de forma sucinta y clara. Cuanto más claro y sucinto sea su mensaje, más fácil es de entender y tendrá menos probabilidades de que ocurran malentendidos.

• **No parezca superior** – Aunque sea la mejor persona en esta situación y la que está intentando mantener la paz, evite transmitir un aire de superioridad al lidiar con individuos enfadados. Tendrá mayores posibilidades de tratar de forma efectiva con ellos si es cercano. Hable con ellos como un igual, ya que esto les ayuda a ser más receptivos y atentos a las cosas que tiene que decir, incluso cuando están furiosos.

Aprender a comunicarse apropiadamente con individuos enfadados

Ahora que hemos establecido la importancia de la comunicación cuando tratamos con un individuo iracundo, aquí viene la siguiente pregunta: ¿cómo puede mejorar sus habilidades de comunicación para que pueda lidiar eficazmente con individuos enfadados? Usted tiene sus propios problemas de gestión de la ira a los que enfrentarse, y eso ya es mucho de lo que encargarse. Ocuparse de otros individuos iracundos puede estar molestándole, ya que hace más difícil mantener un control firme de su temperamento. Sin embargo, comunicarse bien con ellos, hacerse entender *y entenderles* es esencial si espera resolver una situación candente de la forma más pacífica posible.

En una situación como esta, tanto sus aptitudes verbales como no verbales van a entrar en juego. No es solo la forma en la que habla, sino también la manera en la que se mueve la que hace que sea un comunicador efectivo en general. Por ejemplo, si apareciese con una postura corporal agresiva, una expresión de enfado en su cara y los brazos cruzados a la altura del pecho, ¿qué tipo de mensaje envía a la otra persona? Si ya estaban enfadados, esto les enfadaría incluso más, ya que le perciben como alguien hostil desde el principio, incluso antes de decir una palabra. Si quiere tener éxito, va a tener que afinar sus habilidades en estas dos áreas.

Cuando se comunique con un individuo iracundo (o varios), necesita hacer lo siguiente:

- **Piense, espere y luego hable** – Para comunicarse de forma adecuada con personas coléricas, necesita aprender a no decir lo primero que se le pasa por la mente. Los comunicadores eficaces, en general, son los que piensan antes de hablar, ya que saben que, si no lo hacen, corren el riesgo de decir algo inadecuado o causar un malentendido. Ayuda si se abstiene de responder inmediatamente cuando trata con un individuo iracundo. Revise rápidamente lo que estaba a punto de decir y asegúrese de que está bien, y solo entonces hable. No ceda al impulso de responder con lo primero que se le pasa por la mente. Está perfectamente bien parar por un momento, darse un segundo para pensar de verdad sobre lo que va a decir y, después, hablar.

• **Usar el lenguaje corporal adecuado** – Incluso aunque no guarde ningún aprecio por la persona que está desplegando actualmente su ira contra usted, usted tendrá que seguir haciendo un esfuerzo consciente para mantener su lenguaje corporal lo más cordial posible. Adopte un lenguaje corporal abierto, acogedor y cordial, ya que es uno de los factores más importantes que tiene que tener en cuenta cuando está tratando con alguien que está enfadado. Vuelva a la hipótesis anterior sobre lo que pasa cuando, si estando enfadado, tuviese que lidiar con alguien que es igualmente hostil y muestra descaradamente su malestar. Lo que no estamos diciendo abiertamente puede revelar más sobre cómo nos sentimos de verdad y el lenguaje corporal es mucho más revelador que sus palabras. Nuestros cuerpos son capaces de comunicar sin decir una palabra jamás, así que observe su lenguaje corporal cuando está teniendo una conversación, especialmente con alguien que ya se encuentra emocional y enfadado. Mantenga un buen contacto visual, evite cruzar sus brazos a la altura del pecho, sonría, no meta las manos en sus bolsillos y adopte una postura relajada y vaya con la cabeza bien alta con confianza.

• **Evite balbucear demasiado** – Necesita ser capaz de hablar claro y proyectar su voz cuando está tratando con gente enfadada. Pero no de forma que parezca que les está chillando. Simplemente hable suficientemente claro como para que le oigan por encima de su tono de voz elevado. Evite ser tímido, blando y balbucear o susurrar sus palabras porque no serán capaces de oír lo que está diciendo. Si no pueden oírle correctamente en su estado de enfado, podrían asumir que está mascullando entre dientes algo grosero u ofensivo sobre ellos. Esto solo les enfurecerá más porque ya están en un estado emocional alterado de por sí. Hable claro y proyecte, pero mantenga un tono de voz respetuoso.

• **Hable con paciencia** – Usted básicamente tiene que ser completamente lo opuesto a lo que la persona enfadada es. Son los emocionales, y usted tiene que ser el calmado y paciente. Hable con un tono relajante y siga recordando que esto no es algo personal. Simplemente están muy sensibles ahora mismo y no piensan con la cabeza. Es fácil impacientarse con alguien cuando están descargando su furia contra usted con lo que parece ninguna consideración por sus sentimientos o emociones. Demostrar su paciencia en un momento como este es un reflejo de su persona y de lo mucho que ha avanzado en la gestión de sus problemas sin recurrir a la ira. El hecho de que usted exude paciencia en un momento como este es algo de lo que debería estar absolutamente orgulloso, ya que esta es la manifestación definitiva del autocontrol.

Las habilidades que ha aprendido en este capítulo no solo le ayudarán a tratar eficazmente con gente iracunda con la que tiene que lidiar, sino que también le dará algo de perspectiva de lo que las otras personas tienen que soportar cada vez que usted no logra controlar su ira. Utilice los momentos como este para hacer una reflexión interna, para pensar sobre el hecho de que esto es lo que la gente tiene que soportar siempre que usted se enfada y les trata de la misma forma. Este puede ser uno de esos momentos de claridad, donde se da cuenta de lo importante que es aprender a gestionar su ira porque usted no quiere seguir tratando a la gente de esta forma. Utilice esto como una gran oportunidad de aprendizaje, ya que lo es.

Capítulo 10: Trucos y consejos – Cómo gestionar la agresividad al volante, intimidad y otros problemas de ira específicos

Tener el máximo número de estrategias, consejos y trucos para triunfar puede ser muy útil a la hora de ayudarle a aprender a gestionar su ira mucho mejor, especialmente durante momentos específicos como agresividad al volante, donde parece que es mucho más difícil controlarse detrás del volante de su coche. O a lo mejor necesita algún consejo sobre cómo evitar que la furia afecte sus momentos íntimos.

La ira se puede manejar. Puede ser controlada, y no tiene que ser una fuerza destructiva en su vida. Tiene lo necesario para hacer estos cambios positivos en su vida para mejor. Con los trucos y consejos adicionales que leerá en este capítulo, la gestión de la ira es más fácil que nunca.

Consejos generales para manejar su ira

- **Tenga su propio espacio** – Viva solo o con alguien, ayuda tener un pequeño espacio propio al final del día donde puede pasar unos minutos solo relajándose. Una opción es crear una pequeña zona de confort para usted en casa que le ayude a promover sentimientos de calma y un sentido de alegría. Transforme la esquina de su habitación favorita de su casa en un área especial donde pueda encontrar su *zen* y relajarse. Conviértalo en un espacio al que tiene ganas de volver cada día. Esta habitación debería estar libre de distracciones, hacerle sentir cómodo y, lo más importante, tiene que estar en algún lugar donde usted quiere estar. Quite cualquier cosa que pueda ser una distracción, apague su teléfono y desconéctese del mundo por unos minutos cada día; que sea el lugar donde puede ir y encontrarse y conectar consigo mismo una vez más. Es una forma genial de centrarse y relajarse después de lo que puede haber sido un día largo, agotador y frenético.

• **Consiga hacer del ejercicio un hábito** – No se puede enfatizar lo suficiente lo beneficioso que puede ser para usted hacer ejercicio. Si no se está entrenando regularmente, empiece a hacerlo. Es una válvula de escape excelente para el estrés, y se sentirá mejor consigo mismo como nunca antes lo había hecho. Mejora su humor, le mantiene en forma y saludable y, lo más importante, es una forma de liberar emociones acumuladas que ha estado arrastrando durante todo el día. Solo necesita 30 minutos al día. Corra, practique kickboxing, baile, haga yoga si le ayuda a relajarse. El ejercicio es uno de los mejores remedios al alcance de su mano a la hora de aprender a gestionar su ira, y si no lo está haciendo todavía, ¡empiece ahora!

• **Empiece el día de la forma correcta** – Establecer una rutina matinal es una forma de enfocarlo. Tener una rutina matinal genial que le deja con energía es una forma fantástica de empezar el día positivo y motivado. Si se ha estado levantando de mal humor durante demasiado tiempo, pensando únicamente en el estrés y todo lo que tiene que hacer durante el día, es hora de cambiarlo. ¿Por qué debería empezar a desarrollar una rutina matinal mejor para usted? Porque una rutina o hábito matinal le ayudará a concentrar su mente al inicio de cada día. Es un ritual que las personas con éxito acatan, lo que podría explicar cómo son capaces de ser siempre positivas, incluso enfrentándose a grandes obstáculos. Incorpore una rutina matinal a su estilo de vida que le vaya a ayudar a despejar su mente, a concentrarse, ser optimista y estar mentalmente preparado para el resto del día que empieza.

• **Escoja una actividad al día que le inspire** – ¿Cuándo fue la última vez que hizo algo que le inspiró a cambiar para mejor? ¿Que despertó esa motivación dentro de usted para hacer algo para mejorar su vida? Si ni siquiera puede recordar la última vez que se sintió así, ha estado enfadado durante demasiado tiempo. Lo que necesita hacer ahora mismo es empezar a escoger actividades que le van a inspirar. Hacer esto diariamente sería genial, pero si no se lo puede permitir, varias veces a la semana también funciona. Vea una Ted Talk, escuche un podcast inspirador, lea las biografías de gente triunfadora, o cualquier libro inspirador con el que pueda hacerse. Descubrirá que tiene abundantes oportunidades para que usted haga esto durante el día. Por ejemplo, mientras está en la hora de la comida, yendo al trabajo, mientras se prepara por la mañana o antes de ir a la cama por la noche. Incluso podría hacerlo mientras se toma una pausa para el café en el trabajo. Hay muchas oportunidades a su alrededor esperando a ser aprovechadas. Todo lo que tiene que hacer es empezar a verlas. Y solo tardará unos pocos minutos en escuchar algo inspirador cada día para que le motive a hacer lo que le encanta.

Tener una rutina o hábito matinal le ayudará a centrar su mente al inicio del día cada día. Es sabido que muchas personas especialmente triunfadoras como Tony Robbins incorporan una rutina matinal en su estilo de vida para ayudarles a despejar su mente, concentrarse y prepararse mentalmente para cualquier cosa que necesiten hacer ese día.

Consejos para ayudarle a lidiar con la agresividad al volante

La agresividad al volante es una de las razones más comunes para enfadarse mientras conducimos por la carretera. Si esto le suena, no se preocupe. Aquí tiene algunas estrategias eficaces que podría utilizar para ayudarle a estar mucho más tranquilo en la carretera.

- **Evite ir con prisas** – Gestionar su tiempo y ser más organizado puede marcar una gran diferencia. La agresividad al volante se provoca a menudo cuando tenemos prisa por llegar a algún sitio y todo en la carretera parece que nos retrasa. Usted se estresa, se altera y se frustra cada vez más según se va dando cuenta de que va a perder su cita o llega tarde a donde tenia que estar. Si sabe que tiene que estar en algún sitio, salga antes de lo que tenía planeado inicialmente para darse tiempo suficiente para llegar y reducir las razones del retraso. Por ejemplo, si planeó salir a las 10 de la mañana, ajuste su horario para salir a las 9:30 mejor o incluso antes si quiere. Cuando no tiene prisa, ni está ansioso, ni le falta el tiempo, se reduce la molestia que siente cuando está detrás del volante.

- **Relájese en su coche** – ¿Se pone tenso cada vez que se coloca al volante? La próxima vez que se meta en su coche, sea consciente sobre cómo se siente. ¿Sus hombros están tensos? ¿Está apretando el volante demasiado fuerte porque se siente estresado? Tomar algunas medidas para relajarse antes de empezar a conducir pueden ponerle en un estado mucho más calmado. A lo mejor puede poner su música relajante favorita, o respirar profunda y calculadamente un par de veces mientras se ajusta y se pone cómodo en el coche. Sonría y diga que hoy va a ser un gran día mientras se abrocha el cinturón de seguridad. Relajarse o poner un podcast que le ponga de buen humor es una forma genial de sentar las pautas para una buena conducción.

• **Sea considerado** – Ser educado y cortés no es solo un método de gestión de la ira que está reservado únicamente para cuando la gente está frente a usted. Este concepto puede ser incluso aplicado cuando está conduciendo en la carretera. La carretera es un espacio para todos; todos tenemos que compartir. Nadie tiene derecho a nada. Todos tenemos que hacer un esfuerzo por ser respetuosos con los demás en la carretera. Sea educado y cortés cuando esté conduciendo. Ceda el paso a otros en vez de apresurarse a bloquearles y evitar que se cuelen delante de usted. Nunca hace daño ser más educado. Si los otros conductores no lo son, no tiene por qué ser como ellos. Póngase en la piel del otro conductor. Puede que tengan prisa por llegar a algún sitio por razones suyas propias. Si usted tuviese prisa, ¿no lo agradecería cada vez que alguien le cede el paso sin enfadarse con usted? La bondad puede empezar por usted mismo.

• **Evite conducir si está de mal humor** – Habrá momentos en los que ya deje su casa de mal humor por algo que pasó. Empezar a conducir de mal humor solo va a empeorar sus tendencias de agresividad al volante. En cambio, debería evitar conducir por completo si sabe que no se encuentra al 100%. A lo mejor puede pedir un Uber ese día y dejar que otra persona conduzca para que pueda esforzarse por calmarse en el asiento trasero y conseguir ponerse de mejor humor. ¿No suena como una mejor opción? Y mantiene sus tendencias de agresividad al volante a raya.

Mantener la ira fuera de su relación – Consejos para recuperar la chispa y reconectar de nuevo a un nivel íntimo

La ira puede poner mucha presión en una relación. No es fácil estar cerca de alguien que pierde la paciencia frecuentemente y, aunque puede que pidan perdón más tarde, el daño emocional ya ha sido infligido con las palabras que se han dicho. Las acciones que hace estando enfadado, igual que sus palabras, nunca se pueden deshacer. Esto es por lo que pasa su pareja cada vez que es incapaz de gestionar su ira apropiadamente. Solo porque le quieran, no hace más fácil aguantar esta parte de su personalidad.

Razón por la que lo mejor que puede hacer por su relación es aprender a manejar su ira. Para recuperar el amor, la chispa y la intimidad en la relación. Para insuflar vida en esta una vez más. Los siguientes consejos le ayudarán con esta parte del proceso:

- **Hable con su pareja** – Este es el primer paso en el proceso. Hable con su pareja, siéntese, y tenga una conversación real con ellos con el corazón en la mano. Déjeles saber lo mucho que aprecia su amor y apoyo mientras trabaja en ser mejor. Recalque lo agradecido que está por todo lo que han hecho por usted y que sinceramente lamenta todo lo que han tenido que soportar cuando pierde la paciencia. Tener una conversación profunda y trascendente le hará saber a su pareja lo que está pasando y asegurará que los dos están en sintonía. Esto hace más sencillo apoyarse en su pareja para sobrellevar los momentos en los que más lo necesita.

- **Empiece a pasar tiempo como una pareja de nuevo** – Es fácil perderse en sus propios quehaceres diarios. Parece que nunca hay tiempo suficiente para hacer todas las cosas en un día. Sin embargo, necesita *encontrar* ese tiempo si quiere arreglar su relación; haga cosas divertidas y diviértanse juntos, disfrutando de la compañía del otro, especialmente si tiene mucho trabajo por delante para reconstruir una relación que ha sido dañada por la ira. Cuando se divierten juntos y disfrutan de actividades que les acercan el uno al otro, se contribuye a fortalecer el vínculo que tienen. Puede que incluso les recuerde lo que amaban más de la otra persona en un principio (algo que puede olvidarse fácilmente cuando se ha metido demasiada ira en la mezcla). Para que funcione de forma eficaz, escoja actividades que ambos disfrutan haciendo juntos como pareja, en vez de una actividad que solo le gusta a uno. Ambos necesitan divertirse a partes iguales porque así es como pueden intimar y van a tener que crear un vínculo fuerte y curar las heridas para recuperarse del estrés que la ira ha causado.

• **Siga recordándole a su pareja lo mucho que le quiere y aprecia** – Es fácil para su pareja sentirse subestimada si todo lo que recibe de usted son estallidos de ira y berrinches. Puede ser fácil no sentirse amado cuando alguien le está contestando de malos modos todo el tiempo. Es fácil cuestionarse por qué está en esta relación y soportando todos los arrebatos de genio de su pareja. Estas son todas las perspectivas que necesita considerar respecto a lo que su pareja puede estar sufriendo cada vez que usted pierde la paciencia y deja que la ira tome el control, dañando la relación. Razón por la que ahora, como parte de su ejercicio de gestión de la ira, necesita insistir en recordar constantemente a su pareja lo mucho que la quiere y aprecia cada vez que tenga la oportunidad.

Pensamientos para liberarle de la ira

Cuando nos sentimos iracundos, tendemos a olvidarnos de que siempre tenemos alternativas. La ira nos limita a una forma de ver el mundo reducida y estrecha, como un túnel, que es la razón por la que a menudo es difícil superar la ira cuando estalla. Para liberarse de la ira y aprender a manejarla mejor, necesita darse cuenta de que:

• **Ni la ira ni la gente le controlan a usted** – Nadie le controla, ni siquiera sus emociones. Nadie tiene el poder de enfadarle a no ser que usted le *permita* enfadarle. Su emoción no tiene el control de sacar lo peor de usted a no ser que usted se lo *permita*. Todo el control reside en usted, y cuando se dé cuenta de esto, verá que es mucho más sencillo gestionar su ira, y la próxima vez que se encuentre en una situación que podría provocar potencialmente su ira de nuevo, dígase a sí mismo: *No, no permitiré que esto tenga el poder de enfadarme y marcharse.*

• **El que siembra, recoge** – Lo que usted haga en el mundo, volverá algún día. Puede sonar como otro dicho estereotipado, pero tiene algo de verdad. Si va por el mundo constantemente enfadado, amargado, y molesto todo el tiempo, listo para abroncar a la primera persona que le molesta, esto es todo lo que va a ver reflejado hacia usted. La gente no será amable. La gente no será simpática. La gente no será comprensiva. La gente parece gruñona, molesta y enfada a su alrededor también. ¿Por qué? Porque esto es lo que está vertiendo al mundo. Intente lo contrario esta vez y ponga en su lugar algo de amor y felicidad ahí fuera, y vean lo que se refleja hacia usted.

• **La gente no es su enemiga** – Nadie hace un gran esfuerzo para enfadarle a propósito. Nadie quiere ir por ahí provocando que la gente se enfade adrede. A veces, no se pueden evitar ciertas situaciones y circunstancias, a pesar de nuestros mayores esfuerzos. Cuanto antes se dé cuenta de que la gente no es su enemiga, de que no están intentando suscitar su ira deliberadamente, mejor será para usted cuando llegue el momento de mantener su ira bajo control. Aprenda a ver a la gente, incluso completos extraños, como sus aliados y amigos. Nunca sabe a dónde le pueden llevar las nuevas conexiones, qué nuevas oportunidades pueden formarse de las relaciones que forme.

Conclusión

Gracias por llegar al final de este libro. Debería haber sido informativo y le debería haber proporcionado todas las herramientas que necesita para alcanzar sus metas, seas cuales fueran.

Como ha visto, la ira, cuando está desviada, puede resultar a menudo en gran infelicidad tanto para usted como para la gente a su alrededor. La ira mal gestionada puede ser una fuente de gran dolor, pero ahora sabe que no tiene por qué ser así. Para nada.

Tiene el poder dentro de usted de aprender a canalizar su ira, controlarla y gestionarla de formas muchos más positivas, que desembocarán en resultados más felices y deseables. Cuando se canaliza correctamente, su ira puede ser una fuente de bien que le empuja a lograr sus objetivos.

También es importante recordar tomarse el tiempo para parar y apreciar lo lejos que ha llegado con sus esfuerzos por manejar su ira. Escoger este libro y trabajar con las estrategias que este contiene ya es un gran paso en la dirección correcta, y debería estar orgulloso de que está haciendo los cambios para convertirse en una versión de usted mejor y más sana. Usted y la gente que le rodea agradecerán verdaderamente lo duro que está trabajando para mantener su ira bajo control.

Con las estrategias con las que está equipado, estará en camino de gestionar su ira mejor siempre que persevere y persista incluso en los momentos difíciles. Un gran consejo para saber seguro que las cosas están cambiando para mejor: sabrá que ha dado pasos cruciales cuando todas las cosas que solían provocar su ira antes ya no le molestan tanto.

El camino para ganar el control de su ira será un camino que sigue continuando, algo que siempre es un trabajo en progreso. Sin embargo, cada día mejora y cada día es una nueva oportunidad para que usted se fortalezca e incluso obtenga un control más firme sobre la emoción que una vez le dejó descontrolado. Tómese cada día como un nuevo paso, ya que siempre hay algo nuevo que aprender y, lo que es más importante, disfrute del camino porque se está convirtiendo en una versión mejor de usted cada día.